SELECTED URDU POETRY OF

WOMEN POETS

(Multilingual)

With original Urdu text, Roman and Hindi transliteration
and poetical translation into English

پروین شاکر	Parveen Shakir
امرتا پریتم	Amrita Pritam
زہرہ نگاہ	Zohra Nigah
کشور ناہید	Kishwar Nahid
عرفانہ اعجاز	Irfana Aijaz
شبنم شکیل	Shabnam Shakil
ادا جعفری	Ada Jafri
فاطمہ حسن	Fatima Hasan

IN THE SAME SERIES:

- ★ **Selections from DIWAN-E-GHALIB**
- ★ **Selected poems of SHAKEEL BADAUNI**
- ★ **Selected poems of SAHIR LUDHIANVI**
- ★ **Selected poems of ALLAMA IQBAL**
- ★ **Selected poems of FAIZ AHMAD 'FAIZ'**
- ★ **Selected poetry of QATEEL SHAFAI**
- ★ **Selected poetry of BAHADUR SHAH 'ZAFAR'**
- ★ **Selected poetry of AHMAD FARAZ**
- ★ **Selected poems of JOSH MALIHABADI**
- ★ **Punjabi poems of AMRITA PRITAM**

ALSO IN URDU:

- ★ **TARKASH** (Poetry) **by Javed Akhtar**
- ★ **NADI KE PAAR** (Poetry Urdu+Hindi) **by Salman Akhtar**

STAR PUBLICATIONS PVT. LTD.

New Delhi.110002

SELECTED URDU POETRY OF

WOMEN POETS

With original Urdu text, Roman and Hindi transliteration
and poetical translation into English

اُردو کی مقبول

خواتین

کی شاعری

लोकप्रिय

महिला शायरों

की उर्दू शायरी

Compiled by:

Amar Varma

English translation by:

Khwaja Tariq Mahmood

Selected Urdu Poetry of
WOMEN POETS
(Multilingual edition)
English translation by Khwaja Tariq Mahmood
Star, New Delhi, 2008

ISBN : 978-81-7650-310-5

Published by:
STAR PUBLICATIONS PVT. LTD.
4/5 Asaf Ali Road, New Delhi, 110002

First Edition : 2008
Price: Rs. 350.00 (in India)
£ 14.95 (in U. K.)

Sole distributors in the U.K.:
INDIAN BOOK SHELF
55 Warren St., LONDON W1T 5NW
(Phone: 020 - 7380 0622, e-mail : indbooks@aol.com)

Photo typeset by Wasi Prints, New Delhi.

From the Publishers :

Urdu poetry has achieved massive popularity in the last 40-50 years. Not only Urdu knowing audience, even those who cannot read or write Urdu, also get equally delighted and entertained while reading or listening to Urdu poets.

There has been a general belief that since Urdu poetry circumscribes mostly in wine and woman, only male poets can write the best. But it is not true, as today women poets are also equally popular, prominent and lovable among audiences and readers, because of their writings which are full of deep thoughts and feelings.

This collection consists of over 40 selected poems/ghazals of popular Urdu poetesses of India and Pakistan. Congratulation are due to Khwaja Tariq Mahmood, who has included representative works of eight popular women poets and has transformed them into English verses. He has also included a few poems of Panjabi poetess Amrita Pritam also, and that would add further magnificence to the book.

* * *

اس انتخاب کے بارے میں۔۔۔

اُردو شاعری کی شیرینی کے باعث آج ہر خواص و عام میں اُردو کلام مقبول ہے۔ یہ بھی ایک مفروضہ ہے کہ اُردو شاعری میں شراب اور شباب کا غلبہ ہے اور اس کی تخلیق مردوں تک محدود ہے۔ یہ ایک غلط عقیدہ ہے۔

گزشتہ 50-40 برسوں میں ہندو پاک کی کئی خواتین نے اپنے خوبصورت کلام کے باعث مشاعروں اور تحریروں میں بہت بڑی مقبولیت حاصل کی ہے۔ اس سلسلہ میں ادا جعفری کو اُردو شاعری کی خاتون اوّل کہا جاتا ہے۔ اور اُنہوں نے کہا تھا۔

''میں نے مردوں کے عائد کردہ پابندیوں کو قبول نہیں کیا،
بلکہ اُن پابندیوں کو قبول کیا جو میرے ذہن نے مجھ پہ عائد کی ہیں۔
میں سمجھتی ہوں کہ بات کو بین السطور میں کہنا زیادہ مناسب ہے کیونکہ
رمز و کنایہ بھی تو شاعری کا حُسن ہے۔''

یہ خود کردہ جائزہ ہی خواتین شاعری کا خلاصہ ہے۔ اور آج کی خواتین کی شاعری کے موضوعات روایتی نہیں ہیں۔ بلکہ ان میں اظہارِ سخن نمایاں ہے۔

خواتین کی اُردو شاعری کا یہ مجموعہ نمائندہ انتخاب تو نہیں کہا جا سکتا لیکن اِس میں شامل ہندو پاکستان کی آٹھ مقبول خواتین کا کلام اپنے دور کی ترجمانی کرے گا۔ ہماری کاوش ہے یہ شاعری اُن لوگوں کو بھی مخلوط کر سکے جو اُردو نہیں جانتے لیکن اُردو شاعری سے متاثر ہیں۔ انگریزی منظوم ترجمہ کے لئے خواجہ طارق محمود صاحب خصوصی مبارکباد کے حقدار ہیں۔

اُمید ہے قارئین اس انتخاب کا خیر مقدم کرینگے۔

——ناشر

اس انتخاب میں شامل کچھ اشعار:

جھکی ہوئی میری آنکھیں، سِلے ہوئے مرے لب
اب اِس سے بڑھ کر ترا اطراف کیا ہوتا
—پروین شاکر

میں زندگی نُوں عشقِ کِیتا سی
پر زندگی اِک ویشیا (طوائف) دی طرح
میرے عشق تے ہسدی رہی۔
—امرتا پریتم

تم نے بات کہہ ڈالی، کوئی بھی نہ پہچانا
ہم نے بات سوچی تھی، بن گئے افسانے
—زہرہ نگاہ

کچھ یوں بھی زرد زرد سی ناہید آج تھی
کچھ اوڑھنی کا رنگ بھی کِھلتا ہوا نہ تھا
—کشور ناہید

یہ چاہتے ہیں فقط حرفِ آشنا میرے
کہ میرے دِل کی صدا بھی مری صدا نہ لگے
—عرفانہ اعجاز

محبتوں کا زمانہ گزر گیا اب تو
ذرا سی اُس کی رفاقت ملے تو کافی ہے
—شبنم شکیل

یہ سادہ لوگ جو بے آس جی لیتے ہیں یہاں
نہ جانے کیوں ہمیں ان سے ندامتیں بھی ہوئیں
—ادا جعفری

بہت دنوں سے مجھے انتظارِ شب بھی نہیں
وہ رُت گزر گئی، ہر خواب جب سہانا تھا
—فاطمہ حسن

٭ ٭ ٭

INDEX فہرست

परवीन शाकिर
PARVEEN SHAKIR
پروین شاکر

अमृता प्रीतम
AMRITA PRITAM
امرتا پریتم

ज़ोहरा निगाह
ZOHRA NIGAH
زہرہ نگاہ

अदा जाफ़री
ADA JAAFRI
ادا جعفری

अमृता प्रीतम
AMRITA PRITAM
فاطمہ حسن

* * *

پروین شاکر

گنے ہوئے قدم انحراف کیا ہوتا
گناہ طرزِ نگہ تھا، معاف کیا ہوتا

جھکی ہوئی مری آنکھیں، سِلے ہوئے مرے لب
اب اس سے بڑھ کر ترا اعتراف کیا ہوتا

خود اپنی وحشتِ جاں سے وفا نہ کی ہم نے
زمانہ اِور ہمارے خِلاف کیا ہوتا

دیئے تو اب بھی دیئے ہیں وہ بزم ہو کہ حرم
بجھے ہوئے دل و جاں سے طواف کیا ہوتا

ستارہ تھا بھی تو آنسو کا استعارہ تھا
کسی فلک کا یہاں انکشاف کیا ہوتا

وہی غبارِ تمنا، وہی شمیم دعا
تو روز و شب میں مرے اختلاف کیا ہوتا

* * *

PARVEEN SHAKIR

How to step back, we were within some steps of destination
Our oversight was in advert ant, deserving utmost consideration

My eyes have lowered looks, my lips are all sealed
More than this, I cannot vouch my own admiration

We could not keep pace with our own commitment
We cannot blame the world for their indignation

It may be temple or tavern, candles are incandescent
Our heart is all despondent, we show our desperation

A tear in eye was symbolic of a star in the sky
To discover any galaxy would end in frustration

It is same confused longing, it is same diffused yearning
No high or low day after day, no differentiation

* * *

Parvīn Shākir

gine hue qadama inaharāfa kyā hote
gunāha taraze-nigaha thā, māfa kyā hote

jhukī huī merī āṃkheṃ, sile hue mere laba
aba isase baḍha kara terā aitarāfa kyā hotā

khuda apanī vahaśate-jāṁ se vafā na kī hama ne
zamānā aura hamāre khilāfa kyā hotā

diye to aba bhī diye haiṃ vo bazma ho ki harama
bujhe hue dilo-jāṁ se tavāfa kyā hotā

sitārā thā bhī to āṃsū kī istaārā thā
kisī falaka kā yahāṁ inakiśāfa kyā hotā

vahī ghubāre-tamannā, vahī śamīme duā
tū rozo-śaba meṃ mere aikhtilāfa kyā hotā

* * *

परवीन शाकिर

गिने हुए क़दम इनहराफ़ क्या होते
गुनाह तरज़े–निगह था, माफ़ क्या होता

झुकी हुई मेरी आंखें, सिले हुए मेरे लब
अब इससे बढ़ कर तेरा ऐतराफ़ क्या होता

खुद अपनी वहशते–जाँ से वफ़ा न की हम ने
ज़माना और हमारे ख़िलाफ़ क्या होता

दिये तो अब भी दिये हैं वो बज़्म हो कि हरम
बुझे हुए दिलो–जाँ से तवाफ़ क्या होता

सितारा था भी तो आंसू की इस्तआ़रा था
किसी फ़लक का यहाँ इनकिशाफ़ क्या होता

वही ग़ुबारे–तमन्ना, वही शमीमे दुआ़
तू रोज़ो शब में मेरे इख़्तिलाफ़ क्या होता

* * *

پروین شاکر

کُوبکُو پھیل گئی بات شناسائی کی
اُس نے خوشبو کی طرح میری پذیرائی کی

کیسے کہہ دوں کہ مجھے چھوڑ دیا اُس نے
بات تو سچ ہے مگر بات ہے رسوائی کی

وہ کہیں بھی گیا، لوٹا میرے پاس آیا
بس یہی بات ہے اچھی میرے ہرجائی کی

تیرا پہلو تیرے دل کی طرح آباد رہے
تجھ پہ گزرے نہ قیامت شبِ تنہائی کی

اس نے جلتی ہوئی پیشانی پہ جب ہاتھ رکھا
روح تک آگئی تاثیر مسیحائی کی

اب بھی برسات کی راتوں میں بدن ٹوٹتا ہے
جاگ اٹھتی ہیں عجب خواہشیں انگڑائی کی

• • •

PARVEEN SHAKIR

My love had found wide publicity
Like flower scent, it had gained spontaneity

How can I say beloved has forsaken me
This true, but to say it is not propriety

Leaving me, beloved always returned to my fold
How well it speaks of beloved's fickle quality

May you ever prosper in unison with beloved
One hell is night of loneliness with its longevity

When beloved had just caressed my burning forehead
My soul felt as cured by this touch of Jesus faculty

Even now in rainy season, body is aching
Longings are revived, wishes join priority

* * *

Parvīn Shākir

kūbakū phela gaī bāta śanāsāī kī
usane khuśabū kī taraha merī pazīrāī kī

kaise kaha dūm̐ ki mujhe chod̂a diyā usane
bāta to saca hai magara bāta hai rusvāī kī

vo kahīṃ bhī gayā, lauṭā mere pāsa āyā
basa yahī bāta hai acchī mere harajāī kī

terā pahalū tere dila kī taraha ābāda rahe
tujha pe guzare na qayāmata śabe tanahāī kī

usane jalatī huī peśānī pe jaba hātha rakhā
rūha taka ā gaī tāsīra masīhāī kī

aba bhī barasāta kī rātoṃ meṃ badana ṭūṭatā hai
jāga uṭhatī haiṃ ajaba khvāhiśeṃ aṃgad̂āī kī

* * *

परवीन शाकिर

कूबकू फेल गई बात शनासाई की
उसने ख़ुशबू की तरह मेरी पज़ीराई की

कैसे कह दूँ कि मुझे छोड दिया उसने
बात तो सच है मगर बात है रुस्वाई की

वो कहीं भी गया, लौटा मेरे पास आया
बस यही बात है अच्छी मेरे हरजाई की

तेरा पहलू तेरे दिल की तरह आबाद रहे
तुझ पे गुज़रे न क़यामत शबे तनहाई की

उसने जलती हुई पेशानी पे जब हाथ रखा
रूह तक आ गई तासीर मसीहाई की

अब भी बरसात की रातों में बदन टूटता है
जाग उठती हैं अजब ख़्वाहिशें अंगड़ाई की

* * *

پروین شاکر

کچھ تو ہوا بھی سرد تھی، کچھ تھا تِرا خیال بھی
دل کو خوشی کے ساتھ ساتھ ہوتا رہا ملال بھی

بات وہ آدھی رات کی، رات وہ پورے چاند کی
چاند بھی عین چیت کا، اس پر ترا جمال بھی

سب سے نظر بچا کے وہ مجھ کو کچھ ایسے دیکھنا
ایک دفعہ تو رک گئی گردشِ ماہ و سال بھی

اس کو نہ پاسکے تھے جب، دل کا عجیب حال تھا
اب جو پلٹ کے دیکھئے، بات تھی کچھ محال بھی

میری طلب تھا ایک شخص وہ جو نہیں ملا تو پھر
ہاتھ دعا سے یوں گرا، بھول گیا سوال بھی

شام کی نا سمجھ ہوا پوچھ رہی ہے اک پتہ
موجِ ہوائے کوئے یار، کچھ تو مرا خیال بھی

• • •

PARVEEN SHAKIR

There was this chill in wind, you were also in mind
Heart was ecstatic, tinged with despondency of a kind

This chat half way through night, this moon full and bright
Along with the mid summer moon, your beauty was defined

Beloved was watching me, with a stealthy look
Time at last once stood still, leaving all behind

Now with a bit of hindsight, we know it wasn't easy
When we didn't find beloved, we were in a bit of a bind

I was in search of my beloved, though it was a vain search
My efforts not to besmirch, my longing was undefined

Evening breeze, not at ease, is inquiring beloved's abode
O wafting wind of beloved's mode, for goodness sake find

* * *

Parvīn Shākir

kucha to havā bhī sarda thī, kucha thā terā khyāla bhī
dila ko khuśī ke sātha-sātha hotā rahā malāla bhī

bāta vo ādhī rāta kī, rāta vo pūre cānda kī
cānda bhī aina caita kā, usa para terā jamāla bhī

saba se nazara bacā ke vo mujha ko kucha aise dekhanā
eka dafā to ruka gaī garadiśe māho-sāla bhī

usako na pā sake the jaba, dila kā ajība hāla thā
aba jo palaṭa ke dekhiye, bāta thī kucha muhāla bhī

merī talaba thā eka śakhsa vo jo nahīṃ milā to phira
hātha duā se yūm̐ girā, bhūla gayā savāla bhī

śāma ko na samajha havā pūcha rahī hai ika patā
mauje-havāye-kūye-yāra, kucha to merā khyāla bhī

* * *

परवीन शाकिर

कुछ तो हवा भी सर्द थी, कुछ था तेरा ख़्याल भी
दिल को ख़ुशी के साथ–साथ होता रहा मलाल भी

बात वो आधी रात की, रात वो पूरे चांद की
चांद भी ऐन चैत का, उस पर तेरा जमाल भी

सब से नज़र बचा के वो मुझ को कुछ ऐसे देखना
एक दफ़ा तो रुक गई गरदिशे माहो–साल भी

उसको न पा सके थे जब, दिल का अजीब हाल था
अब जो पलट के देखिये, बात थी कुछ मुहाल भी

मेरी तलब था एक शख़्स वो जो नहीं मिला तो फिर
हाथ दुआ से यूँ गिरा, भूल गया सवाल भी

शाम को न समझ हवा पूछ रही है इक पता
मौजे–हवाये–कूये–यार, कुछ तो मेरा ख़्याल भी

* * *

پروین شاکر

پا بگل سب ہیں رہائی کی کرے تدبیر کون
دست بستہ شہر میں کھولے مری زنجیر کون

میرا سر حاضر ہے لیکن میرا منصف دیکھ لے
کر رہا ہے میری فردِ جرم کو تحریر کون

آج دروازوں پہ دستک جانی پہچانی سی ہے
آج میرے نام لاتا ہے مری تعبیر کون

کوئی مقتل کو گیا تھا مدتوں پہلے مگر
ہے درِ خیمہ پہ اب تک صورتِ تصویر کون

سچ جہاں پابستہ ملزم کے کٹہرے میں ملے
اس عدالت میں سنے گا عدل کی تفسیر کون

دشمنوں کے ساتھ میرے دوست بھی آزاد ہیں
دیکھنا ہے کھینچتا ہے مجھ پہ پہلا تیر کون

• • •

PARVEEN SHAKIR

How to plan great escape, every one's feet are tied
How in this habitat under siege, fetters could be untied

I am ready for sacrifice, but let my judge adjudge
Who is indicting whom, before I am tried

Knock at the door today sounds so familiar
Who will pin the blame on me, my guilt to be classified

The martyr had climbed the scaffold long time ago
How his image is all fresh, hauntingly dignified

When truth is all smothered in the dock at bay
Who will explain niceties of law, not to remain tongue tied

Along with my detractors are my friends also free
Who will shoot the first arrow, they need to decide

* * *

Parvīn Shākir

pābagula saba haiṃ rihāī kī kare tadabīra kauna
dasta bastā śahara meṃ khole merī zañjīra kauna

merā sara hāzira hai lekina merā munsifa dekha le
kara rahā hai merī farde jurma ko taharīra kauna

āja daravāzoṃ pe dastaka jānī pahacānī sī hai
āja mere nāma lātā hai merī tābīra kauna

koī maqatala ko gayā thā muddatoṃ pahale magara
hai dare-khemā pe aba taka sūrate-tasvīra kauna

saca jahām̐ pābastā mulzima ke kaṭahare meṃ mile
isa adālata meṃ sunegā adla kī tafasīra kauna

duśmanoṃ ke sātha mere dosta bhī āzāda haiṃ
dekhanā hai khīñcatā hai mujha pe pahalā tīra kauna

* * *

परवीन शाकिर

पाबगुल सब हैं रिहाई की करे तदबीर कौन
दस्त बस्ता शहर में खोले मेरी ज़ंजीर कौन

मेरा सर हाज़िर है लेकिन मेरा मुन्सिफ़ देख ले
कर रहा है मेरी फ़र्दे जुर्म को तहरीर कौन

आज दरवाज़ों पे दस्तक जानी पहचानी सी है
आज मेरे नाम लाता है मेरी ताबीर कौन

कोई मक़तल को गया था मुद्दतों पहले मगर
है दरे-ख़ेमा पे अब तक सूरते-तस्वीर कौन

सच जहाँ पाबसता मुल्ज़िम के कटहरे में मिले
इस अदालत में सुनेगा अद्ल की तफ़सीर कौन

दुश्मनों के साथ मेरे दोस्त भी आज़ाद हैं
देखना है खींचता है मुझ पे पहला तीर कौन

* * *

پروین شاکر

خیال و خواب ہوا برگ و بار کا موسم
بچھڑ گیا تری صورت بہار کا موسم

گئی رتوں سے مرے نیم وادریچوں میں
ٹھہر گیا ہے ترے انتظار کا موسم

وہ نرم لہجے میں کچھ تو کہے کہ لوٹ آئے
سماعتوں کی زمیں پر پھوار کا موسم

رفاقتوں کے نئے خواب خوشنما ہیں مگر
گزر چکا ہے ترے اعتبار کا موسم

ہوا چلی تو نئی بارشیں بھی ساتھ آئیں
زمیں کے چہرے پہ آیا نکھار کا موسم

قدم رکھے مری خوشبو کہ گھر کو لوٹ آئے
کوئی بتائے مجھے کوئے یار کا موسم

تیر طریقِ محبت پہ بارہا سوچا
یہ جبر تھا کہ ترے اختیار کا موسم

* * *

PARVEEN SHAKIR

Distant dream has become the festive season
Like our beloved, has departed the spring season

Since many seasons, in my home and hearth
Time has stood still in the waiting season

Let beloved whisper in my ear to hear
Ever so gently may return the high season

Not with standing new tentalising professions of love
Not possible to withstand loss of your trusting season

Fragrance may diffuse or may refuse and return
Let someone so inform beloved's welcome season

For your style of love, we had often pondered
To pander to your overtures, or to reason out of season

* * *

Parvīn Shākir

<u>kh</u>yālo-<u>kh</u>vāba huā bargo-bāra kā mausama
bichaḍa gayā terī sūrata bahāra kā mausama

gaī rutoṃ se mere nīmavā darīcoṃ meṃ
ṭhahara gayā hai tere intizāra kā mausama

vo narma łahaje meṃ kucha to kahe ki lauṭa āe
samāatoṃ kī zamīṃ para phuāra kā mausama

rifāqatoṃ ke naye <u>kh</u>vāba <u>kh</u>uśanumā haiṃ magara
guzara cukā hai tere aitabāra kā mausama

havā calī to naī bāriśeṃ bhī sātha āīṃ
zamīṃ ke cehare pe āyā nikhāra kā mausama

qadama rakhe merī <u>kh</u>uśbū ki ghara ko lauṭa āye
koī batāye mujhe kūe-yāra kā mausama

tere tarīqe muhabbata pe bārahā socā
ye jaba thā ki tere a<u>kh</u>tiyāra kā mausama

❋ ❋ ❋

परवीन शाकिर

ख़्यालो-ख़्वाब हुआ बर्गो-बार का मौसम
बिछड़ गया तेरी सूरत बहार का मौसम

गई रुतों से मेरे नीमवा दरीचों में
ठहर गया है तेरे इन्तिज़ार का मौसम

वो नर्म लहजे में कुछ तो कहे कि लौट आए
समाअ़तों की ज़मीं पर फुआर का मौसम

रिफ़ाक़तों के नये ख़्वाब ख़ुशनमा हैं मगर
गुज़र चुका है तेरे ऐतबार का मौसम

हवा चली तो नई बारिशें भी साथ आईं
ज़मीं के चेहरे पे आया निखार का मौसम

क़दम रखे मेरी ख़ुश्बू कि घर को लौट आये
कोई बताये मुझ्र कूए-यार का मौसम

तेरे तरीक़े मुहब्बत पे बारहा सोचा
ये जब था कि तेरे अख़्तियार का मौसम

* * *

پروین شاکر

چارہ گر ہار گیا ہو جیسے
اب تو مرنا بھی دوا ہو جیسے

مجھ سے بچھڑا تھا وہ پہلے بھی مگر
اب کہ یہ زخم نیا ہو جیسے

میرے ماتھے پر ترے پیار کا ہاتھ
رُوح پر دستِ صبا ہو جیسے

یوں بہت ہنس کے ملا تھا، لیکن
دل ہی دل میں خفا ہو جیسے

سر چھپائیں تو بدن کھلتا ہے
زیست مفلس کی ردا ہو جیسے

• • •

PARVEEN SHAKIR

As if the counsellor for cure is defeated
As if in death, malady has been treated

As if this time heart is hurt anew
Though beloved had oft before retreated

Your loving palm caressing my forehead
Is balm for my soul highly feted

There was this lack of warmth within
Though with an open smile beloved had greeted

The poor live from hand to mouth
The story of poverty is ever repeated

* * *

Parvīn Shākir

cārā gara hāra gayā ho jaise
aba to maranā bhī davā ho jaise

mujha se bichaḍā thā vo pahale bhī magara
aba ki ye zakhma nayā ho jaise

mere māthe para tere pyāra kā hātha
rūha para daste sabā ho jaise

yūm̐ bahuta haṃsa ke milā thā, lekina
dila hī dila meṃ khafā ho jaise

sara chupāyeṃ to badana khulatā hai
zīsta mufalisa kī ridā ho jaise

✸ ✸ ✸

परवीन शाकिर

चारा गर हार गया हो जैसे
अब तो मरना भी दवा हो जैसे

मुझ से बिछड़ा था वो पहले भी मगर
अब कि ये ज़ख़्म नया हो जैसे

मेरे माथे पर तेरे प्यार का हाथ
रूह पर दस्ते सबा हो जैसे

यूँ बहुत हंस के मिला था, लेकिन
दिल ही दिल में ख़फ़ा हो जैसे

सर छुपायें तो बदन खुलता है
ज़ीस्त मुफ़लिस की रिदा हो जैसे

* * *

پروین شاکر

تجھ سے تو کوئی گلہ نہیں ہے
قسمت میں مری، صِلہ نہیں ہے

بچھڑے تو نجانے کیا حال ہو
جو شخص ابھی ملا نہیں ہے

جینے کی تو آرزو ہی کب تھی
مرنے کا بھی حوصلہ نہیں ہے

جو زیست کو معتبر بنادے
ایسا کوئی سلسلہ نہیں ہے

خوشبو کا حساب ہو چکا ہے
اور پھول ابھی کِھلا نہیں ہے

اک ٹھیس پہ دل کا پھوٹ بہنا
چھونے میں تو آبلہ نہیں ہے

• • •

PARVEEN SHAKIR

With you no complaint I can make
No reward I am destined to take

A person we have not yet met
If separated, will cause what heartache

We were hardly wishful to keep living
Though dieing we dare not under-take

Something to make our life worth while
No prospect of any chance at stake

Flower's scent has been accounted for
Its own time, though, bud will take

Heart is taken aback by a single hurt
It is no blister that a prick it cannot take

* * *

Parvīn Shākir

tujha se to koī gilā nahīṃ hai
qismata meṃ merī, silā nahīṃ hai

bichaḍe to na jāne kyā hāla ho
jo śakhsa abhī milā nahīṃ hai

jīne kī to ārazū hī kaba thī
marane kā bhī hosalā nahīṃ hai

jo zīsta ko motabara banā de
aisā koī sisilā nahīṃ hai

khuśabū kā hisāba ho cukā hai
aura phūla abhī khilā nahīṃ hai

ika ṭhesa pe dila kā phūṭa bahanā
chūne meṃ to ābalā nahīṃ hai

* * *

परवीन शाकिर

तुझ से तो कोई गिला नहीं है
क़िस्मत में मेरी, सिला नहीं है

बिछड़े तो नजाने क्या हाल हो
जो शख़्स अभी मिला नहीं है

जीने की तो आरज़ू ही कब थी
मरने का भी होसला नहीं है

जो ज़ीस्त को मोतबर बना दे
ऐसा कोई सिलसिला नहीं है

ख़ुशबू का हिसाब हो चुका है
और फूल अभी खिला नहीं है

इक ठेस पे दिल का फूट बहना
छूने में तो आबला नहीं है

* * *

امرتا پریتم

خالی جگہ

صرف دو رجواڑے سن.....
اک نے میں نو تے اوہ نوں بے دخل کیتا سی۔
ننگے اسمان دے ہیٹھاں.....
میں کِنّا ہی چِر
پنڈے دے مینہہ وِچ گلدا رہا۔
پھر عمراں دے موح نوں.....
اک زہر وانگ پی کے
اُحدے کمبدے ہتھ نے میرا ہتھ کڑیا
چل! چھناں دے سِر تے اک چھپٹ پایئے!
اوہ ویکھ! پراں.....ساہمنے، اوتھے.....
سچ اتے جھوٹھ دے وِچکار.....کچھ جگہ
خالی ہے۔

• • •

AMRITA PRITAM

EMPTY SPACE

There were only two kingdoms:
One disowned both him and me
And the other we ourselves abandoned.

Under the naked sky-
I was drenched by my body's shower
Which continued a long age
Rotted in the continuing downpour.

Then he took the goblet brimming with the love of years
And quaffed it like cup full of poison.
His quaking hand sought mine:
"Come! let us take a moment's shelter under some roof
Look! there - before you, a little way off
There is an empty space.....
Between truth and falsehood."

* * *

Amritā Prītam

Khālī Jagah

sirfa do rajavāḍe sana.....
ika ne mainuṃ te uhanūṃ bedakhala kītā sī,
te dūje nūṃ asāṃ dohāṃ ne tyāga ditā sī.

naṅge asamāna de heṭhāṃ.....
maiṃ kinnā hī cira piṇḍe de mīṃaha vica bhijadī rahī
oha kinnā hī cira piṇḍe de mīṃha vica galadā rahā.

phera variyāṃ de moha nūṃ.....
ika zahara vāṅga pī ke
ohade kambade hatha ne merā hatha phaḍiyā
cala! chiṇāṃ de sira te ika chata pāiye!
vekha! ahu-sāmaṇe parāṃ.........upara
saca ate jhūṭha de vicakāra.....kucha jagaha khālī hai

* * *

ख़ाली जगह.....

सिरफ़ दो रजवाड़े सन.....
इक ने मैनुं ते उहनूं बेदखल कीता सी,
ते दूजे नूं असां दोहां ने त्याग दिता सी।

नंगे असमान दे हेठां.....
मैं किन्ना ही चिर पिंडे दे मींह विच भिजदी रही
ओह किन्ना ही चिर पिंडे दे मींह विच गलदा रहा।

फेर वरियां दे मोह नूं.....
इक ज़हर वांग पी के
ओहदे कंबदे हथ ने मेरा हथ फड़िया
चल! छिणां दे सिर ते इक छत पाइये!
वेख! अहु–सामणे परां........उपर
सच अते झूठ दे विचकार......कुछ जगह ख़ाली है

* * *

امرتا پریتم

میرا پتہ

اج میں آپنے گھر دا نمبر مٹا دِتا ہے
تے گلی دے متھے تے لگا گلی دا ناں ہٹا دِتا ہے
تے ہر سڑک دی دِشا دا ناں پونچھ دِتا ہے
پر جے تُساں میں نوں ضرور لبھنا ہے
تاں ہر دیس دے، ہر شہر دی، ہر گلی دا بوہا ٹھکورا
ایہہ اِک سراپ ہے، اِک ور ہے
تے جِتھّے وی سوتنتر روح دی جھلک پوے
سمجھنا اُوہ میرا گھر ہے۔.....

* * *

AMRITA PRITAM

MY ADDRESS

Today I effaced the number of my house and
The name of the street at the top of the street;
I removed the signposts of all the roads;
Even so if you must find where I am
You must knock at the door
Of every house in every street, city and country.

this is both a curse and a benediction
Wherever you come across a liberated soul
You can take it to be my home.

* * *

Amritā Prītam

Merā Patā

aja maiṃ āpaṇe ghara dā nambara miṭāiā hai
te galī de matthe te laggā galī dā nāṃuṃ haṭāiyā hai
te hara saḍaka dī diśā dā nāuṃ pūñjha dittā hai
para je tusā mainnūṃ zarūra labhaṇā hai
tāṃ hara desa de, hara śahara dī, hara galī dā būhā ṭhakoro
iha ika sarāpa hai, ika vara hai
te jithe vī sutantara rūha dī jhalaka pave
........samajhaṇā uha merā ghara hai.

* * *

मेरा पता.....

अज मैं आपणे घर दा नम्बर मिटाइआ है
ते गली दे मत्थे ते लग्गा गली दा नांउं हटाइया है
ते हर सड़क दी दिशा दा नाउं पूंझ दित्ता है
पर जे तुसा मैंनूं ज़रूर लभणा है
तां हर देस दे, हर शहर दी, हर गली दा बूहा ठकोरो
इह इक सराप है, इक वर है
ते जिथे वी सुतंतर रूह दी झलक पवे
........समझणा उह मेरा घर है।

❋ ❋ ❋

امرتا پریتم

اِک درشٹی کون

سورج نُوں سارے خُون معاف حن۔
دُنیا دے ہر انسان دا اُہ روز 'اِک دِن' قتل کردا ہے
تے ہر اِک عمر دا اِک ٹکڑا روز ذِبح ہُندا ہے
انسان دے اختیار صرف اینا ہے.....
کی ذِبح ہوئے ٹکڑے نُوں اُح گھبرا کے سُٹ دیوے، تے ڈرے،
جاں نِڈر اُس نُوں کباب وانگ بُھننے، کھاوے،
تے صاحباں دی شراب پیواں اُہ اگلے ٹکڑے دی اُڑیک کرے.....

• • •

AMRITA PRITAM

AN ASPECT

The sun is absolves of his crime.
Each day he murders
another day of every human life,
A part of our existence is butchered every day.

All that a man can do
Is discard the severed part in panic.
Or roast it with temerity
For the next meal.
Sipping the wine of his breath
To await the next slice.

* * *

Amritā Prītam

Ika Driṣṭikoṇa

sūraja nūṃ sāre khūna māfa hana.
duniyāṃ de hara insāna dā
oha roza "ika dina" qatala karadā hai
te hara ika umra dā ika ṭukad̂ā roza zibaha hundā hai

inasāna de akhatiyāra sirfa ainā hai.....
ki zibaha hoye ṭukad̂e nūṃ
oha ghabarā ke suṭa deve, te ḍare,
te sāhavāṃ dī śarāba pīndāṃ
oha agale ṭukad̂e dī ud̂īka kare.....

✸ ✸ ✸

इक दृष्टिकोण.....

सूरज नूं सारे ख़ून माफ़ हन।
दुनियां दे हर इन्सान दा
ओह रोज़ 'इक दिन' क़तल करदा है
ते हर इक उम्र दा इक दुकड़ा रोज़ ज़िबह हुंदा है

इनसान दे अख़तियार सिर्फ़ ऐना है......
कि ज़िबह होये दुकड़े नूं
ओह घबरा के सुट देवे, ते डरे,
जां निडर ओस नूं कबाब वांग भुने, खावे,
ते साहवां दी शराब पींदां
ओह अगले दुकड़े दी उड़ीक करे.....

✸ ✸ ✸

امرتا پریتم

اِمروز چتر کار

سومیرے ساہمنے۔ ایزل دے اُتّے،
اِک کینوس پئی ہے
کُجھ اِنج جاپدا۔

کہ کینوس تے لگّا رنگ دا ٹوٹا
اِک لال ٹاکی بن کے ہلدا اہے
تے ہر اِنسان دے اندر دا پشُو
اِک سِنگ چُکدا اہے۔
سِنگ تن دا ہے۔ تے ہر کُوچہ گلی بازار
اِک 'رِنگ' بنڈا اہے
تے میریاں پنجابی رگاں وِچ
اِک سپینی روایت کھولدی
گویا دِی مِتھ .....
بُل فائٹنگ .....
ٹِل ڈیتھ .....

• • •

AMRITA PRITAM

IMROZ

A canvas
Is spread
On the easel before me.

It seems
As if the patch of colour,
Stuck to the canvas
Swings
Like red cloth.

And the beast in the man
Raises its horn.
Aims it to strike.
And every street, alley and lane
Forms the ring,
And Spanish passion
Rages
In my Panjabi veins.
The myth of Goya
Bull-fighting
Till death.

* * *

Amritā Prītam

Imroz Chitrakār

mere sāhamaṇe-īzala de utte,
ika kainavasa paī hai

kujha iṃja jāpadā-
ki kainavasa te lagā raṅga dā ṭoṭā
ika lāla ṭākī baṇa ke hiladā hai
te hara insāna de andara dā paśū

ika siṅga cukadā hai.
siṅga taṇadā hai- te hara kūcā galī bāzāra
ika "riṅga" baṭadā hai
te merīāṃ pañjābī ragāṃ vica
ika sapenī ravāyata khauladī
goyā dī mitha.....
bula phāiṭiṅga.....
ṭila ḍaitha.....

* * *

इमरोज़ चित्रकार.....

मेरे साहमणे–ईज़ल दे उत्ते,
इक कैनवस पई है

कुझ इंज जापदा–
कि कैनवस ते लगा रंग दा टोटा
इक लाल टाकी बण के हिलदा है
ते हर इन्सान दे अन्दर दा पशू

इक सिंग चुकदा है।
सिंग तणदा है– ते हर कूचा गली बाज़ार
इक 'रिंग' बटदा है
ते मेरीआं पंजाबी रगां विच
इक सपेनी रवायत रवौलदी
गोया दी मिथ......
बुल फाइटिंग.......
टिल डैथ.......

* * *

امرتا پریتم

آتم ملن

میری سیج حاضر ہے۔
پر جُتّی ہے قمیض وانگن
تُوں اپنا بدن وِی اُتار دیہ
پرانہ مُوڑھے تے رکھ دے

کوئی خاص گل نہیں
اِہ آپنے۔ آپنے دیس دا رواج ہے

• • •

AMRITA PRITAM

MEETING THE SELF

My bed is ready for you!
But first take off your shirt and shoes
And put it away on the stool.

It doesn't matter very much
Every country has its,own customs.

* * *

Amritā Prītam

Ātm Milan

merī seja hāzara hai-
para juttī hai kamīja vāṅgaṇa
tūṃ apaṇā badana vī utāra de
parāṃ mūḍhe "te rakha de.

koī k͟hāsa gala nahīṃ
iha āpaṇe-āpaṇe desa dā rivāja hai.

* * *

आत्म मिलन.....

मेरी सेज हाज़र है—
पर जुत्ती है कमीज़ वांगण
तूं अपणा बदन वी उतार दे
परां मूढ़े 'ते रख दे।

कोई ख़ास गल नहीं
इह आपणे—आपणे देस दा रिवाज है।

❋ ❋ ❋

زہرہ نگاہ

صبر و ضبط کے لے کے بے شمار نذرانے
تیری یاد آئی تھی، آج مجھ کو سمجھانے

پا گئے ہیں منزل کو خود بخود ہی دیوانے
عقل کے دوراہے پر کھو گئے ہیں فرزانے

تم نے بات کہہ ڈالی کوئی بھی نہ پہچانا
ہم نے بات سوچی تھی بن گئے ہیں افسانے

ان نئی بہاروں پر، ان نئے نظاروں پر
ایک رند ہی کیا ہیں، رو رہے ہیں میخانے

ہائے کیا مصیبت ہے، ہائے کیا قیامت ہے
ہم ہی کھا گئے دھوکہ، ہم چلے تھے سمجھانے

* * *

ZOHRA NIGAH

Bearing countless bouquets of reticence and patience
Your memory had come to day to teach me sense

Wayward folk on their own reached the destination
The wise were lost half way in suspense

No one took exception to what you had said
We didn't utter a word, yet they took offence

For these new distractions, these new diversions
For the patrons and the tavern, they provide recompence

Oh what trouble indeed, no less than hell indeed
We had gone to help, we were caught in own contrivance

* * *

Zohrā Nigāh

sabro-zabta ke leke be śumāra nazarāne
terī yāda āī thī, āja mujha ko samajhāne

pā gaye haiṃ mañzila ko khuda bakhuda hī dīvāne
aqla ke daurāhe para kho gaye haiṃ farazāne

tuma ne bāta kaha ḍālī koī bhī na pahacānā
hama ne bāta socī thī bana gaye haiṃ afasāne

ina naī bahāroṃ para, ina naye nazāroṃ para
eka rinda hī kyā hai, ro rahe haiṃ maikhāne

hāye kyā musībata hai, hāye kyā qyāmata hai
hama hī khā gaye dhokā, hama cale the samajhāne

* * *

ज़ोहरा निगाह

सब्रो–ज़ब्त के लेके बे शुमार नज़राने
तेरी याद आई थी, आज मुझ को समझाने

पा गये हैं मंज़िल को ख़ुद बख़ुद ही दीवाने
अक़्ल के दौराहे पर खो गये हैं फ़रज़ाने

तुम ने बात कह डाली कोई भी न पहचाना
हम ने बात सोची थी बन गये हैं अफ़साने

इन नई बहारों पर, इन नये नज़ारों पर
एक रिंद ही क्या है, रो रहे है मैख़ाने

हाये क्या मुसीबत है, हाये क्या क़्यामत है
हम ही खा गये धोका, हम चले थे समझाने

* * *

زہرہ نگاہ

ترا خیال فروزاں ہے، دیکھئے کیا ہو
خموش گردشِ دوراں ہے، دیکھئے کیا ہو

نجانے کتنے ستارے یہ کہتے ڈوب گئے
سحر کا رنگ پریشاں ہے، دیکھئے کیا ہو

کلی اداس، چمن سوگوار، گل خاموش
یہ انتظارِ بہاراں ہے، دیکھئے کیا ہو

عجیب بات ہے ان تیرگی کی راہوں میں
نفس نفس میں چراغاں ہے، دیکھئے کیا ہو

بھڑک رہا ہے ابھی تک چراغِ آخرِ شب
اسے بھی صبح کا ارماں ہے، دیکھئے کیا ہو

* * *

ZOHRA NIGAH

Your memories are resplendent, what may happen
Seven heavens are quiescent, what may happen

Who knows how many stars went surmising
Dawn is so despondent, what may happen

Buds sorrowful, garden mournful, flower reposeful
Waiting for spring to be efflorescent, what may happen

How strange in these darkened pathways
Every particle is fluorescent, what may happen

At night's end, flame is still aflutter
For the morning it is expectant, what may happen

* * *

Zohrā Nigāh

terā khyāla farozāṃ hai, dekhiye kyā ho
khamośa gardiśe daurāṃ hai, dekhiye kyā ho

najāne kitane sitāre ye kahate ḍūba gaye
sahara kā raṅga pareśāṃ hai, dekhiye kyā ho

kalī udāsa, camana sogavāra, gula khāmośa
ye intizāre bahārāṃ hai, dekhiye kyā ho

ajība bāta hai teragī kī rāhoṃ meṃ
nafsa-nafsa meṃ cirāghāṁ hai, dekhiye kyā ho

bhad̂aka rahā hai abhī taka cirāghe-ākhira śaba
use bhī subaha kā aramāṁ hai, dekhiye kyā ho

ज़ोहरा निगाह

तेरा ख़्याल फ़रोज़ां है, देखिये क्या हो
ख़मोश गर्दिशे दौरां है, देखिये क्या हो

नजाने कितने सितारे ये कहते डूब गये
सहर का रंग परेशां है, देखिये क्या हो

कली उदास, चमन सोगवार, गुल ख़ामोश
ये इन्तिज़ारे बहारां है, देखिये क्या हो

अजीब बात है तेरगी की राहों में
नफ़्स–नफ़्स में चिराग़ाँ है, देखिये क्या हो

भड़क रहा है अभी तक चराग़े–आख़िर शब
उसे भी सुबह का अरमाँ है, देखिये क्या हो

* * *

زہرہ نگاہ

جنونِ اول شائستگی تھی
وہی پہلی محبت آخری تھی

کشادہ تھے بہت بازوئے وحشت
یہ زنجیرِ خرد الجھی ہوئی تھی

جہاں ہم پھرے بسنا چاہتے تھے
وہ بستی ہُو کی ''دنیا'' ہو چکی تھی

کبھی اک لفظ کے سو سو معانی
کبھی پوری کہانی ان کہی تھی

اب اپنے آپ سے بھی چھپ گئی ہے
وہی لڑکی جو سب کو جانتی تھی

سحر آغازِ، شب اتمامِ حجت
عجب زہرا کی وضعِ زندگی تھی

* * *

ZOHRA NIGAH

Our first love at best was etiquette
That first love was our last bet

Our obsession was not limited in extent
But caution put its fetters as a dragnet

Where we wished again to dwell and roam
By an indifferent world this time we were met

Sometimes a word had hundred meanings
Sometimes a whole story we couldn't interpret

Now she herself cannot fathom own self
The girl whom every one had owed a debt

What a dreary day in the life of Zehra
From dawn to dusk to fume and fret

* * *

Zohrā Nigāh

junūne-avvala śāistagī thī
vahī pahalī muhabbata ākharī thī

kuśādā the bahuta bāzū-e-vahaśata
ye zañjīre-khirda ulajhī huī thī

jahāṃ hama phira se basanā cāhate the
vaha bastī hū kī "duniyā" ho cukī thī

kabhī ika lafza ke sau-sau maānī
kabhī pūrī kahānī anakahī thī

aba apane āpa se bhī chupa gaī hai
vahī lad̂akī jo saba ko jānatī thī

sahara āghāza, śaba atamāma jahata
.ajaba "zoharā" kī vazaa-e-zindagī thī

✵ ✵ ✵

ज़ोहरा निगाह

जुनूने-अव्वल शाइस्तगी थी
वही पहली मुहब्बत आख़री थी

कुशादा थे बहुत बाजु-ए-वहशत
ये ज़ंजीरे-ख़िर्द उलझी हुई थी

जहां हम फिर से बसना चाहते थे
वह बस्ती हू की "दुनिया" हो चुकी थी

कभी इक लफ़्ज़ के सौ-सौ मआनी
कभी पुरी कहानी अनकही थी

अब अपने आप से भी छुप गई है
वही लड़की जो सब को जानती थी

सहर आग़ाज़, शब अतमाम जहत
अजब "ज़ोहरा" की वज़अ-ए-जिन्दगी थी

❋ ❋ ❋

زہرہ نگاہ

اک خوف ہے جس طرف نظر جائے
اب ایسے میں کون کس کے گھر جائے

کچھ سوچ کے موند لی ہیں آنکھیں
جاگیں تو نجانے کیا گزر جائے

بچوں کے بھی ہاتھ تھک گئے ہیں
حیراں ہے سنگ کس کے سر جائے

ویرانوں نے منہ چھپا لئے ہیں
بستی کا غبار اب کدھر جائے

چلّائیں تو ٹکڑے ہوں صدا کے
بھاگیں تو قدم قدم بکھر جائے

نکلے تو ہیں گھر سے تیری دُھن میں
کس موڑ تلک یہ رہگزر جائے

• • •

ZOHRA NIGAH

There is nervousness wherever we cast our eyes
How to go to anyone's even if one tries

If awake, some unknown force may overtake
So we have closed our eyes, not to surmise

Even children are tired of hurling rock
Not knowing whose head next in line lies

Deserts no longer act as host to desolation
They wish the habitats not to increase in size

If we run, we stumble at every step
The voice is all stifled, even if one cries

We have left our home in our search for you
Not knowing we may be meeting a surprise

* * *

Zohrā Nigāh

ika khaufa hai jisa tarafa nazara jāye
aba aise meṃ kauna kisa ke ghara jāye

kucha soca ke mūnda lī haiṃ āṃkheṃ
jāgīṃ to najāne kyā guzara jāye

baccoṃ ke bhī hātha thaka gaye haiṃ
hairāṃ hai saṅga kisa ke sara jāye

vīrānoṃ ne muṃha chupā lie haiṃ
bastī ke ghubāra aba kidhara jāye

cillāyeṃ to ṭukaḍe hoṃ sadā ke
bhāgeṃ to qadama-qadama bikhara jāye

nikale to haiṃ ghara se terī dhuna meṃ
kisa moḍa talaka ye rahaguzara jāye

* * *

ज़ोहरा निगाह

इक ख़ौफ़ है जिस तरफ़ नज़र जाये
अब ऐसे में कौन किस के घर जाये

कुछ सोच के मूंद ली हैं आंखें
जागीं तो नजाने क्या गुज़र जाये

बच्चों के भी हाथ थक गये हैं
हैरां है संग किस के सर जाये

वीरानों ने मुह छुपा लिए हैं
बस्ती के ग़ुबार अब किधर जाये

चिल्लायें तो टुकड़े हों सदा के
भागें तो क़दम–क़दम बिखर जाये

निकले तो हैं घर से तेरी धुन में
किस मोड़ तलक ये रहगुज़र जाये

* * *

زہرہ نگاہ

وہ جو اک شکل مرے چار طرف بکھری پڑی تھی
میں نے جب غور سے دیکھا تو مری اپنی تھی

پھر اسیروں پہ کسی خواب نے جادو ڈالا
رات کچھ حلقۂ زنجیر میں خاموشی تھی

یوں تو آدابِ محبت میں سب جائز تھا
پھر بھی چپ رہنے میں اک شانِ دلآویزی تھی

رات بھر جاگنے والوں نے پسِ شمعِ زرد
صبح اک خواب کی صورت کی طرح دیکھی تھی

شورشِ شعر میں خاموش سی کیوں ہے زہراؔ
اچھا خاصا تو کبھی وہ بھی کہا کرتی تھی

* * *

ZOHRA NIGAH

That one picture that around me lay scattered
On close look it was me, I was shattered

The captive folk lay again quiescent under a spell
There was not a stir at night, so well they were fettered

Though in the love domain, all was fair bargain
Even so to refrain with silence, beloved is well flattered

In somnolent folk had seen beyond the fluttering flame
.Dawn was as if a dream that had not mattered

If the poetry's tumult, Zehra is now out of cult
She was once quite adept, her verses were well lettered

* * *

Zohrā Nigāh

vo jo ika śakla mere cāra tarafa bikharī paḍī thī
maiṃ ne jaba g͟haura se dekhā to merī apanī thī

phira asīroṃ pe kisī k͟hvāba ne jādū ḍālā
rāta kucha halaqā-e-zañjīra meṃ k͟hāmośī thī

yūṃ to ādābe-muhabbata meṃ saba jāyaza thā
phira bhī cupa rahane meṃ ika śāne-dila āvezī thī

rāta bhara jāgane vāloṃ ne pase-śame-zarda
subha ika k͟hvāba kī sūrata kī taraha dekhī thī

śauriśe śaira meṃ k͟hāmośī sī kyoṃ hai "zoharā"
subha ika k͟hvāba kī sūrata kī taraha dekhī thī

* * *

ज़ोहरा निगाह

वो जो इक शक्ल मेरे चार तरफ़ बिखरी पड़ी थी
मैं ने जब ग़ौर से देखा तो मेरी अपनी थी

फिर असीरों पे किसी ख़्वाब ने जादू डाला
रात कुछ हलक़ा–ए–ज़ंजीर में ख़ामोशी थी

यूं तो आदाबे–मुहब्बत में सब जायज़ था
फिर भी चुप रहने में इक शाने–दिल आवेज़ी थी

रात भर जागने वालों ने पसे–शमे–ज़र्द
सुब्ह इक ख़्वाब की सूरत की तरह देखी थी

शौरिशे शैर में ख़ामोशी सी क्यों है "ज़ोहरा"
अच्छा ख़ासा तो कभी वो भी कहा करती थी

* * *

کشور ناہید

وہ اجنبی تھا، غیر تھا، کس نے کہا نہ تھا
دل کو مگر یقین کسی پر ہوا نہ تھا

ہم کو تو احتیاطِ غم، دل عزیز تھی
کچھ اس لئے بھی کم نگہی کا گلہ نہ تھا

دستِ خیالِ یار سے پھوٹے شفق کے رنگ
نقشِ قدم بھی رنگِ حنا کے سوا کچھ نہ تھا

کچھ اس قدر تھی گرمیٔ بازارِ آرزو
دل جو خریدتا تھا اسے دیکھتا نہ تھا

کیسے کریں گے ذکرِ حبیبِ جفا پسند
جب نام لینا دوستوں میں بھی روا نہ تھا

کچھ یوں بھی زرد زرد سی ناہید آج تھی
کچھ اوڑھنی کا رنگ بھی کھلتا ہوا نہ تھا

• • •

KISHWAR NAHID

He was a stranger, an alien, it had been explained
How our heart had this fact strangely disdained

We were holding dear heart's caution and condition
Against the beloved, among other reasons, we had not complained

Kaleidoscopic colours exulted from beloved's imagination
Crimson colour beloved's steps had consistently sustained

Heart was so insistent in its quest of beloved
It didn't bother to question whatever it pertained

How to mention beloved with harsh bent of mind
When it was fit and proper that silence be maintained

Naheed was all in all out of colour today
Even the colour of apparel was faded and restrained

* * *

Kishvar Nāhīd

vo ajanabī thā, g͟haira thā, kisa ne kahā na thā
dila ko magara yaqīna kisī para huā na thā

hama ko to ehatiyāte-g͟hama, dila azīza thī
kucha isa lie bhī kama nigahī kā gilā na thā

daste-k͟hayāle-yāra se phūṭe śafaqa ke raṅga
naqśe-qadama bhī raṅge-hinā ke sivā kucha na thā

kucha isa qadara thī garamī-e-bāzāre ārazū
dila jo k͟harīdatā thā use dekhatā na thā

kaise kareṅge zikre habība jafā pasanda
jaba nāma lenā dosto meṃ bhī ravā na thā

kucha yūm̐ bhī zarda-zarda sī "nāhīda" āja thī
kucha oḍhanī kā raṅga bhī khilatā huā na thā

* * *

किश्वर नाहीद

वो अजनबी था, ग़ैर था, किस ने कहा न था
दिल को मगर यक़ीन किसी पर हुआ न था

हम को तो एहतियाते-ग़म, दिल अज़ीज़ थी
कुछ इस लिए भी कम निगही का गिला न था

दस्ते-ख़याले-यार से फूटे शफ़क़ के रंग
नक़्शे-क़दम भी रंगे-हिना के सिवा कुछ न था

कुछ इस क़दर थी गरमी-ए-बाज़ारे आरज़ू
दिल जो ख़रीदता था उसे देखता न था

कैसे करेंगे ज़िक्रे हबीब जफ़ा पसंद
जब नाम लेना दोस्तों में भी रवा न था

कुछ यूँ भी ज़र्द-ज़र्द सी "नाहीद" आज थी
कुछ ओढ़नी का रंग भी खिलता हुआ न था

* * *

عرفانہ اعجاز

کیجئے اسی کے نام متاعِ سخن تمام
اک آبشارِ نور ہے جس کا بدن تمام

اے دوست تیرے روئے بہاریں کی خیر ہو
مہکے ہیں تیری یاد سے دل کے چمن تمام

اس درجہ خوش لباس ہے بزمِ جہاں میں تو
آئے ہیں تیری دید کو گل پیرہن تمام

خوشبو قبائے حرف میں تیرے لبوں سے ہے
تجھ پر نثار، دہر کے شیریں سخن تمام

کر شنگرفی فضاؤں میں نجمِ سحر تلاش
اے شب چراغ! ہو بھی چکی انجمن تمام

• • •

IRFANA AIJAZ

For the beloved, your poetic world you dedicate
Beloved is all inspiration, rays of light radiate

O friend, we wish your spring debut success
With the fragrance of your memory, heart's presincts aromate

In the world of fashion, you serve as a model
For a glimpse of your dress, flowers congregate

Your word of mouth is an inspiration for all
In the world of poetry, with your artistry you dominate

At the crack of dawn, you look for departing stars
The conclave, O candle of night, is due to terminate

● ● ●

Irfānā Ejāz

kīјiye usake nāma matāye-sukhana tamāma
ika ābaśāre-nūra hai jisa kā badana tamāma

ai dosta tere rūe-bahāreṃ kī khaira ho
mahake haiṃ terī yāda se dila ke camana tamāma

isa darjā khuśa libāsa hai bazme jahāṃ meṃ tū
āye haiṃ terī dīda ko gula perahana tamāma

khuśabū qabā-e-harfa meṃ tere laboṃ se hai
tujha para nisāra, dahara ke śīrīṃ sukhana tamāma

kara śaṅgarafī fazāoṃ meṃ najame-sahara talāśa
ai śabe-cirāgha. ho bhī cukī aṃjumana tamāma

* * *

इरफ़ाना एजाज़

कीजिये उसके नाम मताये–सुख़न तमाम
इक आबशारे–नूर है जिस का बदन तमाम

ऐ दोस्त तेरे रुए–बहारें की ख़ैर हो
महके हैं तेरी याद से दिल के चमन तमाम

इस दर्जा ख़ुश लिबास है बज़्मे जहां में तू
आये हैं तेरी दीद को गुल पेरहन तमाम

ख़ुशबू क़बा–ए–हर्फ़ में तेरे लबों से है
तुझ पर निसार, दहर के शीरीं सुख़न तमाम

कर शंगरफ़ी फ़ज़ाओं में नजमे–सहर तलाश
ऐ शबे–चिराग़! हो भी चुकी अंजुमन तमाम

* * *

عرفانہ اعجاز

شکستِ چشم و نظر کا اسے پتہ نہ لگے
کہ زخم زخم بدن ہو مگر ہوا نہ لگے

یہی رہا جو دلِ ناصبور کا عالم
ستم شعار کہیں درد آشنا نہ لگے

گلہ نہ کر بہت زود رنج ہے وہ بھی
سخن وہ کہہ کہ سخن فہم کو برا نہ لگے

یہ چاہتے ہیں فقط حرف آشنا میرے
کہ میرے دل کی صدا بھی مری صدا نہ لگے

وہاں تو جو بھی گیا، لوٹ کر نہیں آیا
مسافروں کو ترے شہر کی ہوا نہ لگے

شبِ فراق کی بے مہریوں سے کب ہے گلہ
کہ فاصلے نہ اگر ہوں تو وہ بھلا نہ لگے

• • •

IRFANA AIJAZ

Let beloved not discover we cannot stand the glare
Even if body full of scars, no indication of scare

If impetuous heart is to keep suffering thus
Harshness of beloved may be kindness to bear

Not to complain ever even if beloved is angered
Not to say anything which is neither here nor there

My peers are simply wishful that I am restectful
That my voice is not heard, even if I dare

Whoever went to that habitat, remained there for good
For better or for worse, let itinerants beware

We have no complaint against depradation of separation
If not a gulf in between, beloved may not care

* * *

Irfānā Ejāz

śakiste-caśmo-nazara kā use patā na lage
ki za<u>kh</u>ma-za<u>kh</u>ma badana ho magara havā na lage

yahī rahā jo dile-nā sabūra kā ālama
sitama śuāra kahīṃ darde-āśanā na lage

gilā na kara bahuta zoda rañja hai vo bhī
su<u>kh</u>ana vo kaha ki su<u>kh</u>ana fahama ko burā na lage

ye cāhate haiṃ faqata harfa āśanā mere
ki mere dila kī sadā bhī merī sadā na lage

vahāँ to jo bhī gayā, lauṭa kara nahīṃ āyā
musāfiroṃ ko tere śahara kī havā na lage

śabe-firāqa kī be mahariyoṃ se kaba hai gilā
ki fāsale na agara hoṃ to vo bhalā na lage

❋ ❋ ❋

इरफ़ाना एजाज़

शकिस्ते–चश्मो–नज़र का उसे पता न लगे
कि ज़ख़्म ज़ख़्म बदन हो मगर हवा न लगे

यही रहा जो दिले–ना सबूर का आलम
सितम शुआ़र कहीं दर्दे–आशना न लगे

गिला न कर बहुत ज़ोद रंज है वो भी
सुख़न वो कह कि सुख़न फ़हम को बुरा न लगे

ये चाहते हैं फ़क़त हर्फ़ आशना मेरे
कि मेरे दिल की सदा भी मेरी सदा न लगे

वहाँ तो जो भी गया, लौट कर नहीं आया
मुसाफ़िरों को तेरे शहर की हवा न लगे

शबे–फ़िराक़ की बे महरियों से कब है गिला
कि फ़ासले न अगर हों तो वो भला न लगे

* * *

عرفانہ اعجاز

شاخوں پہ زخم، پھول صداؤں پہ آئے ہیں
وہ رنگ شہرِ گل کی فضاؤں پہ آئے ہیں

وہ سرخرو ہے سرمد و منصور کی طرح
الزام سارے میری وفاؤں پہ آئے ہیں

شاید نشستِ درد سے واقف تھے نیشتر
کیا رنگ اب کے دل کی قباؤں پہ آئے ہیں

پھر جیسے ہوں دلوں کے تعاقب میں فاصلے
پھر دن بڑے ہماری دعاؤں پہ آئے ہیں

خوشبو کی طرح گوشۂ زنداں میں اے صبا
پیغام کِن کے نام ہواؤں پہ آئے ہیں

• • •

IRFANA AIJAZ

Branches are bearing flowers, garden is full of efflorescence
The environs are ecstatic, they are in effervescence

Beloved is fully honoured among legions of martyrs
Only my fealty is not mentioned, nor any reminiscence

Lancet, perhaps, is wary of the pain at the seat of heart
Now that heart is bereft of seat without acquiescence

In the pursuit of heart, we may be far apart
Our prayers are not answered, leading to evanescence

In the prison maze, o breeze ill at ease
What message you are bringing, whose name in correspondence

* * *

Irfānā Ejāz

śākhoṃ pe zakhza, phūla sadāoṃ pe āye haiṃ
vo raṅga śahare-gula kī fazāoṃ pe āye haiṃ

vo surakhurū hai saramado-maṃsūra kī taraha
ilazāma sāre merī vafāoṃ pe āye haiṃ

śāyada naśiste-darda se vāqifa the neśatara
kyā raṅga aba dila kī qabāoṃ pe āye haiṃ

phira jaise hoṃ diloṃ ke taāqquba meṃ fāsale
phira dina baḓe hamārī duāoṃ pe āye haiṃ

khuśabū kī taraha gośā-e-zindāṃ meṃ ai-sabā
paighāma kina ke nāma havāoṃ pe āye haiṃ

* * *

इरफ़ाना एजाज़

शाख़ों पे ज़ख़्ज़, फूल सदाओं पे आये हैं
वो रंग शहरे–गुल की फ़ज़ाओं पे आये हैं

वो सुरख़ुरू है सरमदो–मंसूर की तरह
इलज़ाम सारे मेरी वफ़ाओं पे आये हैं

शायद नशिस्ते–दर्द से वाक़िफ़ थे नेशतर
क्या रंग अब दिल की क़बाओं पे आये हैं

फिर जैसे हों दिलों के तआक़्क़ुब में फ़ासले
फिर दिन बड़े हमारी दुआओं पे आये हैं

ख़ुशबू की तरह गोशा–ए–ज़िन्दां में ऐ–सबा
पैग़ाम किन के नाम हवाओं पे आये हैं

* * *

شبنم شکیل

حُکم نامے نئے تحریر کئے جاتے ہیں
اب یہاں خواب بھی زنجیر کئے جاتے ہیں

جس سے مل سکتا ہے مظلوم کو انصاف یہاں
اس گواہی میں ہی تاخیر کئے جاتے ہیں

زندگی چھپ کے ہنسا کرتی ہم پر اور ہم
اُس کی پرچھائیں کو تصویر کئے جاتے ہیں

حیف وہ طائرِ خوش رنگ کہ سب جس کے لئے
دانہ و دام کی تدبیر کئے جاتے ہیں

چلتے جاتے ہیں، پہنچ پاتے نہیں پھر بھی کہیں
اور اسے زیست سے تعبیر کئے جاتے ہیں

* * *

SHABNAM SHAKEEL

New edicts are being dictated
Even daydreaming is now regulated

Whenever justice may possibly be given
That very evidence is procrastinated

We have become laughing stock of life
Yet we are chasing shadows unabated

Pity the humming bird for which
Snare and bait are manipulated

We keep plodding, yet never reach destination
Still we call it life unadulterated

* * *

Shabnam Shakīl

hukmanāme naye taharīra kiye jāte haiṃ
aba yahāṁ khvāba bhī zañjīra kiye jāte haiṃ

jisa se mila sakatā hai mazalūma ko inasāfa yahāṁ
usa gavāhī meṃ hī tākhīra kiye jāte haiṃ

zindagī chupa ke haṃsā karatī hama para aura hama
usakī parachāīṃ ko tasvīra kiye jāte haiṃ

haifa vo tāīre-khuśa raṅga ki saba jisa ke lie
dānā-o-dāma kī tadabīra kiye jāte haiṃ

calate jāte haiṃ, pahuñca pāte nahīṃ phira bhī kahīṃ
aura use zīsta se tābīra kiye jāte haiṃ

* * *

शबनम शकील

हुक्मनामे नये तहरीर किये जाते हैं
अब यहाँ ख़्वाब भी ज़ंजीर किये जाते हैं

जिस से मिल सकता है मज़लूम को इनसाफ़ यहाँ
उस गवाही में ही ताख़ीर किये जाते हैं

ज़िन्दगी छुप के हंसा करती हम पर और हम
उसकी परछाईं को तस्वीर किये जाते हैं

हैफ़ वो ताईरे–खुश रंग कि सब जिस के लिए
दाना–ओ–दाम की तदबीर किये जाते हैं

चलते जाते हैं, पहुंच पाते नहीं फिर भी कहीं
और उसे ज़ीस्त से ताबीर किये जाते हैं

* * *

شبنم شکیل

جنوں کو اذنِ مسافت ملے تو کافی ہے
نئے سفر کی بشارت ملے تو کافی ہے

گئے دنوں کی تلافی کہاں بہار سے اب
نئی رتوں کی شہادت ملے تو کافی ہے

خود اپنے آپ سے ہم کو بہت سی باتوں کی
وضاحتوں کی بھی مہلت ملے تو کافی ہے

وہ اپنے خواب گھروندے کہاں کہ ان میں سے
جو آج اک بھی سلامت ملے تو کافی ہے

محبتوں کا زمانہ گزر گیا اب تو
ذرا سی اُس کی رفاقت ملے تو کافی ہے

اگرچہ کم ہے بہت زندگی مگر شبنم
جو اپنے آپ سے فرصت ملے تو کافی ہے

* * *

SHABNAM SHAKEEL

Suffice if passion is given go ahead
Suffice if signal for a new journey is read

Spring cannot compensate for the past days
Suffice to get evidence of new seasons instead

We ourselves on our own would like very much
Suffice to clear a thing or two, thread by thread

The castles on the sand we built one by one
Suffice if any one of them we may softly tread

Days of love are past, now if at all
Suffice if we count ourselves as beloved's kindred

Life, although O Shabnam, is very short indeed
Suffice if we can spare some time, before we are dead

* * *

Shabnam Shakīl

junūm̐ ko azane musāfata mile to kāfī hai
naye safara kī baśārata mile to kāfī hai

gaye dinoṃ kī talāfī kahāṃ bahāra se aba
naī rutoṃ kī śahādata mile to kāfī hai

khuda apane āpa se hama ko bahuta sī bātoṃ kī
vazāhatoṃ kī bhī mohalata mile to kāfī hai

vo apane khvāba gharonde kahām̐ ki una meṃ se
jo āja ika bhī salāmata mile to kāfī hai

muhabbatoṃ kā zamānā guzara gayā aba to
zarā sī usa kī rifāqata mile to kāfī hai

agarace kama hai bahuta zindagī magara "śabanama"
jo apane āpa se furasata mile to kāfī hai

* * *

शबनम शकील

जुनूँ को अज़्ने मुसाफ़त मिले तो काफ़ी है
नये सफ़र की बशारत मिले तो काफ़ी है

गये दिनों की तलाफ़ी कहां बहार से अब
नई रुतों की शहादत मिले तो काफ़ी है

ख़ुद अपने आप से हम को बहुत सी बातों की
वज़ाहतों की भी मोहलत मिले तो काफ़ी है

वो अपने ख़्वाब घरोंदे कहाँ कि उन में से
जो आज इक भी सलामत मिले तो काफ़ी है

मुहब्बतों का ज़माना गुज़र गया अब तो
ज़रा सी उस की रिफ़ाक़त मिले तो काफ़ी है

अगरचे कम है बहुत ज़िन्दगी मगर "शबनम"
जो अपने आप से फ़ुरसत मिले तो काफ़ी है

* * *

شبنم شکیل

ہم خود ماہ و سال سے آگے نہیں گئے
خوابوں میں بھی خیال سے آگے نہیں گئے

ہر حد سے ماورا تھی سخاوت میں اُس کی ذات
ہم آخری سوال سے آگے نہیں گئے

کچھ وہ بھی التفات میں ایسا سخی نہ تھا
کچھ ہم بھی عرضِ حال سے آگے نہیں گئے

تھیں تو ضرور منزلیں اس سے پرے بھی کچھ
لیکن تیرے خیال سے آگے نہیں گئے

کیا ظلم ہے کہ عشق کا دعویٰ انہیں بھی ہے
جو حدِ اعتدال سے آگے نہیں گئے

کچھ خودسری کے فن میں نہ تھے ہم بھی کم مگر
اس صاحبِ کمال سے آگے نہیں گئے

● ● ●

SHABNAM SHAKEEL

We didn't cross threshold of time's month and year
Even in our wildest dreams, we remained within our sphere

Your generosity did exceed every conceivable limit
However we didn't exceed in our entreaties to endear

Beloved was not liberal and not so attentive
On our part we were apart, out of fear

We didn't permit our thoughts to go beyond you
Though certainly there were limits beyond stratosphere

What a pity that those making claims of love
Had stuck to a middle spot, neither there, nor here

Though in the realm of egotism, we didn't lag behind
Yet we were not a patch to match any peer

* * *

Shabnam Shakīl

hama khuda māho sāla se āge nahīṃ gaye
khvāboṃ meṃ bhī khyāla se āge nahīṃ gaye

hara hada se māvarā thī sakhāvata meṃ usa kī zāta
hama ākharī savāla se āge nahīṃ gaye

kucha vo bhī iltifāta meṃ aisā sakhī na thā
kucha hama bhī arze hāla se āge nahīṃ gaye

thīṃ to zarūra mañzileṃ usa se pare bhī kucha
lekina tere khyāla se āge nahīṃ gaye

kyā zulma hai ki iśqa kā dāvā unheṃ bhī hai
jo hade-aitidāla se āge nahīṃ gaye

kucha khudasarī ke fana meṃ na the hama bhī kama magara
usa sāhibe kamāla se āge nahīṃ gaye

* * *

शबनम शकील

हम ख़ुद माहो साल से आगे नहीं गये
ख़्वाबों में भी ख़्याल से आगे नहीं गये

हर हद से मावरा थी सख़ावत में उस की ज़ात
हम आख़री सवाल से आगे नहीं गये

कुछ वो भी इल्तिफ़ात में ऐसा सख़ी न था
कुछ हम भी अर्ज़े हाल से आगे नहीं गये

थीं तो ज़रूर मंज़िलें उस से परे भी कुछ
लेकिन तेरे ख़्याल से आगे नहीं गये

क्या ज़ुल्म है कि इश्क़ का दावा उन्हें भी है
जो हदे–ऐतिदाल से आगे नहीं गये

कुछ ख़ुद सरी के फ़न में न थे हम भी कम मगर
उस साहिबे कमाल से आगे नहीं गये

* * *

شبنم شکیل

مرا جینا گواہی دے رہا ہے
ابھی مجھ کو بہت کچھ دیکھنا ہے

مجھے ہے اپنے دل پر کتنی حسرت
یہ میرا ساتھ اب تک دے رہا ہے

کوئی روکے روانی آنسوؤں کی
یہ دریا بہتے بہتے تھک گیا ہے

یہ کیسی سازشوں میں گھِر گیا ہوں
مجھے تجھ سے چھپایا جا رہا ہے

گھنے جنگل میں تنہا چھوڑ کر وہ
کہیں سے چھپ کے مجھ کو دیکھتا ہے

کشش کچھ اس قدر ہے مجھ میں شبنم
کہ دریا میری جانب بڑھ رہا ہے

• • •

SHABNAM SHAKEEL

My life is a living evidence
I have still to witness lot of suspense

I feel such pity for my heart
It is keeping my company such long distance

Let someone stop flood of tears
The river is tired of effervescence

I am surrounded by such conspiracies
I am being kept from your presence

Leaving me alone in the dense forest
He spies from a hideout with indifference

There is such magnetic force with me, O Shabnam
That tide towards me rises with a vengeance

* * *

Shabnam Shakīl

merā jīnā gavāhī de rahā hai
abhī mujha ko bahuta kucha dekhanā hai

mujhe hai apane dila para kitanī hasarata
ye merā sātha aba taka de rahā hai

koī roke ravānī āṃsuoṃ kī
ye dariyā bahate-bahate thaka gayā hai

ye kaisī sāziśoṃ meṃ ghira gayā hūm̐
mujhe tujha se chipāyā jā rahā hai

ghane jaṅgala meṃ tanahā choḍa kara vo
kahīṃ se chupa ke mujha ko dekhatā hai

kaśiśa kucha isa qadara hai mujha meṃ "śabanama"
ki dariyā merī jāniba baḍha rahā hai

* * *

शबनम शकील

मेरा जीना गवाही दे रहा है
अभी मुझ को बहुत कुछ देखना है

मुझे है अपने दिल पर कितनी हसरत
ये मेरा साथ अब तक दे रहा है

कोई रोके रवानी आंसुओं की
ये दरिया बहते-बहते थक गया है

ये कैसी साज़िशों में घिर गया हूँ
मुझे तुझ से छिपाया जा रहा है

घने जंगल में तनहा छोड़ कर वो
कहीं से छुप के मुझ को देखता है

कशिश कुछ इस क़दर है मुझ में "शबनम"
कि दरिया मेरी जानिब बढ़ रहा है

* * *

شبنم شکیل

زمانے بھر سے انوکھا رکھا چلن ہم نے
جہاں میں عام کیا رہبری کا فن ہم نے

اب اوروں میں بانٹیں تو سر سے قرض اترے
وصول کی تھی جو سورج کی اک کرن ہم نے

ہمارے نقشِ قدم ہیں نویدِ فصلِ بہار
قدم قدم پہ سجائے نئے چمن ہم نے

ہر ایک سانس ہماری اسی میں کام آئی
کسی بھی طور سہی، دُور کی گھٹن ہم نے

وہی تو ماتھے پہ آنکھیں سجائے پھرتے ہیں
وہ چہرے جن کو دیئے سوچ کے سخن ہم نے

کبھی کبھی اسے پھر اوڑھنے کو جی چاہے
کہاں رکھا ہے وہ مسرّت کا پیرہن ہم نے

• • •

SHABNAM SHAKEEL

We kept our conduct from the world apart
We made common in the world our leadership art

We wish to get even with our distribution
What light we had borrowed from the sun at start

Every step of ours gives tidings of spring season
At every step we planted new gardens of sort

Every breath of ours was useful in every sense
Whatever way, we were being easy on our heart

The very people we gave sound advice
They give us short shrift with a lesson to impart

We wish to use again every now and then
Ah! where we kept away the garment that was smart

* * *

Shabnam Shakīl

zamāne bhara se anokhā rakhā calana hama ne
jahām̐ meṃ āma kiyā rahabarī kā fana hama ne

aba auroṃ meṃ bāṃṭeṃ to sara se qarza utare
vasūla kī thī jo sūraja kī eka kiraṇa hama ne

hamāre naqśe-qadama haiṃ navede-fasle bahāra
qadama-qadama pe sajāye naye camana hama ne

hara eka sāṃsa hamārī usī meṃ kāma āī
kisī bhī taura sahī, dūra kī ghuṭana hama ne

vahī to māthe pe āṃkheṃ sajāye phirate haiṃ
vo cehare jina ko diye soca ke sukhana hama ne

kabhī-kabhī use phira oḍhane ko jī cāhe
kahām̐ rakhā hai vo musarrata kā pairahana hama ne

* * *

शबनम शकील

ज़माने भर से अनोखा रखा चलन हम ने
जहाँ में आम किया रहबरी का फ़न हम ने

अब औरों में बांटें तो सर से क़र्ज़ उतरे
वसूल की थी जो सूरज की एक किरण हम ने

हमारे नक़्शे–क़दम हैं नवेदे–फ़स्ले बहार
क़दम–क़दम पे सजाये नये चमन हम ने

हर एक सांस हमारी उसी में काम आई
किसी भी तौर सही, दूर की घुटन हम ने

वही तो माथे पे आंखें सजाये फिरते हैं
वो चेहरे जिन को दिये सोच के सुख़न हम ने

कभी–कभी उसे फिर ओढ़ने को जी चाहे
कहाँ रखा है वो मुसर्रत का पैरहन हम ने

* * *

شبنم شکیل

میرے ہونے کا ہی احساس دلا دے مجھ کو
میں بھی زندہ ہوں کوئی آکے بتا دے مجھ کو

اپنا تاوان مجھے خود ہی ادا کرنا ہے
اسے بھولوں جو کبھی یاد دلا دے مجھ کو

یہ نہ ہو میں بھی اسی بھیڑ میں گم ہو جاؤں
راستہ کوئی الگ ہو تو دکھا دے مجھ کو

کسی تنکے کا سہارا نہیں منظور مجھے
اب کے طوفان جو آئے تو بہا دے مجھ کو

مجھ سے ہوتی نہیں برداشت بُرائی ان کی
میرے پرکھوں کے گناہوں کی سزا دے مجھ کو

اس نمائش کے تو خاکے ہیں ادھورے سارے
اب مکمل کوئی تصویر دکھا دے مجھ کو

* * *

SHABNAM SHAKEEL

Let someone make me feel I am alive and well
That I am animate, let someone come and tell

I myself have to pay my own ransom
Lest I should forget, someone remind me as well

That I should not be lost in the milling crowd
Let someone show me a path, if different, to excel

Not to catch at a straw to stop drowning
If a torrent comes, let me perish in the swell

I just cannot bear that I blame my beloved
Let me face chastisement for my sinful apparel

Caricatures as exhibits are all incomplete
Let someone show the picture full, just to dispel

* * *

Shabnam Shakīl

mere hone kā hī ehasāsa dilā de mujha ko
maiṃ bhī zindā hūm̐ koī āke batā de mujha ko

apanā tāvāna mujhe khuda hī adā karanā hai
use bhūlūm̐ jo kabhī yāda dilā de mujha ko

ye na ho maiṃ bhī isī bhīḋa meṃ guma ho jāūm̐
rāstā koī alaga ho to dikhā de mujha ko

kisī tinake kā sahārā nahīṃ mañzūra mujhe
aba ke tūfāna jo āye to bahā de mujha ko

mujha se hotī nahīṃ baradāśta burāī una kī
mere purakhoṃ ke gunāhoṃ kī sazā de mujha ko

isa numāiśa ke to khāke haiṃ adhūre sāre
aba mukammala koī tasvīra dikhā de mujha ko

* * *

शबनम शकील

मेरे होने का ही एहसास दिला दे मुझ को
मैं भी ज़िन्दा हूँ कोई आके बता दे मुझ को

अपना तावान मुझे ख़ुद ही अदा करना है
उसे भूलूँ जो कभी याद दिला दे मुझ को

ये न हो मैं भी इसी भीड़ में गुम हो जाऊँ
रास्ता कोई अलग हो तो दिखा दे मुझ को

किसी तिनके का सहारा नहीं मंजूर मुझे
अब के तुफ़ान जो आये तो बहा दे मुझ को

मुझ से होती नहीं बरदाश्त बुराई उन की
मेरे पुरखों के गुनाहों की सज़ा दे मुझ को

इस नुमाइश के तो ख़ाके हैं अधूरे सारे
अब मुकम्मल कोई तसवीर दिखा दे मुझ को

✹ ✹ ✹

شبنم شکیل

جلتا ہوا دامن وہ لئے بھاگ رہا تھا
اور چار طرف اُس کے آشوبِ ہوا تھا
برسوں یہ محبت کی کٹھالی میں ڈُھلا تھا
دل ایسے اچانک ہی تو کندن نہ بنا تھا
باہر تو ہر اک سمت تھا ہنگامۂ محشر
سنّاٹے کا پہرہ تو فقط دل پہ لگا تھا
ظاہر میں جو لگتا تھا کہ مضبوط مکاں تھا
وہ وقت کی بنیاد پہ مشکل سے کھڑا تھا
یہ کرب کا منظر میری آنکھوں نے بھی دیکھا
صحرا میں کوئی اپنی صدا ڈھونڈ رہا تھا
جب صبح ہوئی دیکھا تو ہر گھر تھا سلامت
اک میرا ہی گھر تھا جہاں شبخون پڑا تھا
اوروں سے جسے بھیک کی امید نہیں تھی
کشکول لئے اپنے ہی دروازے پر کھڑا تھا

* * *

SHABNAM SHAKEEL

He was running round in circles with flames in his attire
Winds were circling round him to further inflame the fire

Heart had not turned gold suddenly to behold
It had passed through crucible of love and fire

There was this tumult all around outside
Within the heart itself, though, hush prevailed so dire

What apparently looked a solid edifice
It was based on shaky foundation no time to admire

I saw the sorry spectacle in front of my eyes
Someone lost in the desert, in search of self entire

I saw at the break of dawn every house intact
That only mine was raided at night, to conspire

He had no hope in heaven, to be handed charity
With begging bowl in hand, he confronted his own desire

* * *

Shabnam Shakīl

jalatā huā dāmana vo lie bhāga rahā thā
aura cāra tarafa usa ke āśūba havā thā

barasoṃ ye muhabbata kī kaṭhālī meṃ dhulā thā
dila aise acānaka hī to kundana na banā thā

bāhara to hara ika simta thā haṅgāmā-e-mahaśara
sannāṭe kā paharā to faqata dila pe lagā thā

zāhira meṃ jo lagatā thā ki mazabūta makāṃ thā
vo vaqta kī buniyāda pe muśkila se khaḓā thā

ye karba kā mañzara merī āṃkhoṃ ne bhī dekhā
saharā meṃ koī apanī sadā ḍhūṇḍa rahā thā

jaba subaha huī dekhā to hara ghara thā salāmata
ika merā hī ghara thā jahāṃ śabakhūna paḓā thā

auroṃ se jise bhīka kī ummīda nahīṃ thī
kaśakola lie apane hī daravāze para khaḓā thā

* * *

शबनम शकील

जलता हुआ दामन वो लिए भाग रहा था
और चार तरफ़ उस के आशूब हवा था

बरसों ये मुहब्बत की कठाली में धुला था
दिल ऐसे अचानक ही तो कुंदन न बना था

बाहर तो हर इक सिम्त था हंगामा–ए–महशर
सन्नाटे का पहरा तो फ़क़त दिल पे लगा था

ज़ाहिर में जो लगता था कि मज़बूत मकां था
वो वक़्त की बुनियाद पे मुश्किल से खड़ा था

ये कर्ब का मंज़र मेरी आंखों ने भी देखा
सहरा में कोई अपनी सदा ढूंड रहा था

जब सुबह हुई देखा तो हर घर था सलामत
इक मेरा ही घर था जहां शबख़ून पड़ा था

औरों से जिसे भीक की उम्मीद नहीं थी
कशकोल लिए अपने ही दरवाज़े पर खड़ा था

* * *

ادا جعفری

ہونٹوں پہ کبھی اُن کے مرا نام ہی آئے
آئے تو سہی بر سرِ الزام ہی آئے

حیران ہیں، لب بستہ ہیں، دلگیر ہیں غنچے
خوشبو کی زبانی ترا پیغام ہی آئے

لمحاتِ مسرّت ہیں تصور سے گریزاں
یاد آئے ہیں جب بھی غم و آلام ہی آئے

تاروں سے سجالیں گے رہِ شہرِ تمنا
مقدور نہیں صبح، چلو شام ہی آئے

کیا رہ بدلنے کا گلہ ہمسفروں سے
جس راہ پہ چلے تیرے در و بام ہی آئے

تھک ہار کے بیٹھے ہیں سرِ کوئے تمنا
کام آئے تو پھر جذبۂ ناکام ہی آئے

باقی نہ رہے ساکھ ادا دشتِ جنوں کی
دل میں اگر اندیشۂ انجام ہی آئے

• • •

ADA JAAFRI

Let beloved, someties, word of mouth send
Even if to implicate, let beloved condescend

Buds are bewitched, bewildered and beleagured
Let scented breeze, well at ease, blow and befriend

Moments of mirth, some-how, are beyond any recall
Whatever we may recollect, sad memories offend

We embellish our wishfulness with fondness galore
Whatever may come our way, with wilfullness we fend

No ill feeling for fellow travellers for a change in direction
Whichever route we may go, your home is round the bend

Near our beloved's presinct, we are losing our instinet
If wilfullness will fail, on faith we'll depend

How on earth, o Ada, we redeem our waywardness
If at heart, we are afraid, we stick to the very end

✸ ✸ ✸

Adā Jāfrī

hoṇṭoṃ pe kabhī unake merā nāma hī āye
āye to sahī bara sare ilazāma hī āye

hairāna haiṃ. laba bastā haiṃ, dilagīra haiṃ g̱hunace
k̲h̲uśbū kī zabānī terā paig̱hāma hī āye

lamhāte-musarrata haiṃ tasavvura se gurezāṃ
yāda āye haiṃ jaba bhī g̱hamo ālāma hī āye

tāroṃ se sajā leṅge rahe-śahare-tamannā
maqadūra nahīṃ sahī, calo śāma hī āye

kyā raha badalane kā gilā hamasafaroṃ se
jisa rāha se cale tere daro-bāma hī āye

thaka hāra ke baiṭhe haiṃ sare-kūe tamannā
kāma āye to phira jazba-e-nākāma hī āye

bāqī na rahe sākha adā daśte-junūṃ kī
dila meṃ agara anadeśa-e-aṃjāma hī āye

* * *

अदा जाफ़री

होंटों पे कभी उनके मेरा नाम ही आये
आये तो सही बर सरे इलज़ाम ही आये

हैरान हैं, लब बस्ता हैं, दिलगीर हैं ग़ुनचे
ख़ुश्बू की ज़बानी तेरा पैग़ाम ही आये

लम्हाते-मुसर्रत हैं तसव्वुर से गुरेज़ां
याद आये हैं जब भी ग़मो आलाम ही आये

तारों से सजा लेंगे रहे-शहरे-तमन्ना
मक़दूर नहीं सही, चलो शाम ही आये

क्या रह बदलने का गिला हमसफ़रों से
जिस राह से चले तेरे दरो-बाम ही आये

थक हार के बैठे हैं सरे-कूए तमन्ना
काम आये तो फिर जज़्ब-ए-नाकाम ही आये

बाक़ी न रहे साख अदा दश्ते-जुनूँ की
दिल में अगर अनदेश-ए-अंजाम ही आये

* * *

ادا جعفری

دل بجھا ہے نہ آس کم کی ہے
یوں مداراتِ شامِ غم کی ہے

تجھ کو دیکھا تو اپنی یاد آئی
بدلیوں میں کرن سی چمکی ہے

کون جانے وہ آہ تھی کہ نگاہ
جو سرِ داستاں رقم کی ہے

کاسنی چاند اور گھنے بادل
آزمائش قدم قدم کی ہے

آندھیوں کو چراغ سونپ دیا
یہ کرامت بھی چشمِ نم کی ہے

زہرِ احساس تلخ تر ہو ادؔا
یہ کمائی بڑے کرم کی ہے

• • •

ADA JAAFRI

Heart is not in despair, hope not to mitigate
We have thus overcome loneliness to date

Seeing our beloved, we recollected our past
As if a silver lining in our darkened fate

We know not if it was a sigh or sight
For us for the beloved to dedicate

Crimson moon and dark clouds
At every step they agitate

We entrusted candle to raging wind
Our trust in miracles is innate

O Ada, for senses to be insensate
Benevolent outlook you cultivate

* * *

Adā Jāfrī

dila bujhā hai na āsa kama kī hai
yūṃ madārāte-śāme-g͟hama kī hai

tujha ko dekhā to apanī yāda āī
badaliyoṃ meṃ kirana sī camakī hai

kauna jāne vo āha thī ki nigāha
jo sare dāstāṃ raqama kī hai

kāsanī cānda aura ghane bādala
āzamāiśa qadama qadama kī hai

ām̐dhiyoṃ ko cirāg͟ha saumpa diyā
ye karāmata bhī caśme-nama kī hai

zahare-ehasāsa talk͟ha tara ho "adā"
ye kamāī baḍe karma kī hai

* * *

अदा जाफ़री

दिल बुझा है न आस कम की है
यूं मदाराते-शामे-ग़म की है

तुझ को देखा तो अपनी याद आई
बदलियों में किरन सी चमकी है

कौन जाने वो आह थी कि निगाह
जो सरे दास्तां रक़म की है

कासनी चांद और घने बादल
आज़माइश क़दम क़दम की है

आँधियों को चिराग़ सौंप दिया
ये करामत भी चश्मे-नम की है

ज़हरे-एहसास तल्ख़ तर हो "अदा"
ये कमाई बड़े कर्म की है

* * *

ادا جعفری

کہتے ہیں کہ اب ہم سے خطا کار بہت ہیں
اک رسمِ وفا تھی وہ وفادار بہت ہیں

لہجے کی کھٹک ہو کہ نگاہوں کی صداقت
یوسف کے لئے مصر کے بازار بہت ہیں

کچھ زخم کہ رنگت میں گلِ تر کے قریں تھے
کچھ نقش کہ ہیں نقشِ بہ دیوار بہت ہیں

راہوں میں کوئی آبلہ پا اب نہیں ملتا
رستے میں مگر قافلہ سالار بہت ہیں

کیوں اہلِ وفا، زحمتِ بیداد نگاہی
جینے کے لئے اور بھی آزار بہت ہیں

ہر جذبۂ بے تاب کے احکام ہزاروں
ہر لمحۂ بے خواب کے اصرار بہت ہیں

پلکوں تک آ پہنچے نہ کرنوں کی تمازت
اب تک تو ادا آئینہ بردار بہت ہیں

• • •

ADA JAAFRI

They say that diehard like us abound
Fealty is a tradition, in love we are bound

It may be quality innate, it may be eye's dictate
For people with real beauty many patrons surround

Many a scar resembles many natural flowers
Many a wish scrambles just to confound

No way farer with commitment now we can find
Though willing to lead the way, everyone is found

O upholders of loyalty, why all the acts of credulity
To prove your propensity, some other tests are sound

Lust commands a thousand acts of audacity
Love demands many ways to have its way around

To ward off the evil effects of the rival forces
O Ada, well wishers with success have been crowned

* * *

Adā Jāfrī

kahate haiṃ ki aba hama se khatā kāra bahuta haiṃ
ika rasme vafā thī vo vafādāra bahuta haiṃ

lahaje kī khaṭaka ho ki nigāhoṃ kī sadāqata
yūsufa ke lie misra ke bāzāra bahuta haiṃ

kucha zakhma kī raṅgata meṃ gule-tara ke qarīṃ the
kucha naqśa ki haiṃ naqśe be-dīvāra bahuta haiṃ

rāhoṃ meṃ koī ābalā pā aba nahīṃ milatā
raste meṃ magara qāfilā sālāra bahuta haiṃ

kyoṃ ehale-vafā, zahamate-bedāda nigāhī
jīne ke lie aura bhī āzāra bahuta haiṃ

hara jazba-e-betāba ke ehakāma hazāroṃ
hara lamha-e-bekhvāba ke isarāra bahuta haiṃ

palakoṃ taka ā pahuñce na kiranoṃ kī tamāzata
aba taka to "adā" āīnā baradāra bahuta haiṃ

* * *

अदा जाफ़री

कहते हैं कि अब हम से ख़ता कार बहुत हैं
इक रस्मे वफ़ा थी वो वफ़ादार बहुत हैं

लहजे की खटक हो कि निगाहों की सदाक़त
यूसुफ़ के लिए मिस्र के बाज़ार बहुत हैं

कुछ ज़ख़्म कि रंगत में गुले–तर के क़रीं थे
कुछ नक़्श कि हैं नक़्शे बे–दीवार बहुत हैं

राहों में कोई आबला पा अब नहीं मिलता
रस्ते में मगर क़ाफ़िला सालार बहुत हैं

क्यों एहले–वफ़ा, ज़हमते–बेदाद निगाही
जीने के लिए और भी आज़ार बहुत हैं

हर जज़्ब–ए–बेताब के एहकाम हज़ारों
हर लम्ह–ए–बेख़्वाब के इसरार बहुत हैं

पलकों तक आ पहुंचे न किरनों की तमाज़त
अब तक तो "अदा" आईना बरदार बहुत हैं

* * *

ادا جعفری

تمام راستہ اٹا ہوا ملا
غبار سے ہی شہر کا پتہ ملا
کسی نگاہ روشنی چھلک گئی
کسی پلک ستارہ جاگتا ملا
کبھی کبھی تو عہدِ نو کا باب بھی
کسی پرانی داستاں سا ملا
ورق ورق لِکھا ہوا جو حرف تھا
نہ جانے کیوں زمیں پر پڑا ملا
جو رات تھی کہانیوں میں کٹ گئی
جو دن ملا وہ بے سوال سا مِلا
ہماری خواب وادیوں کی خیر ہو
شجر شجر ہمیں غزل سرا ملا
جہاں گلاب موسموں کا ذکر تھا
تمہارا نام بھی وہیں لکھا مِلا

* * *

ADA JAAFRI

Knee deep was dust all the way
Habitat was given away by shades of grey

Eyes, sometimes, exulted light and vision
Star, sometimes, was to gaze and betray

Sometimes even a recent happenstance
Looked like instance of a distant day

Words inscribed at every page
On Earth, why on Earth, in disarray

The night was spent in promises galore
As for day, we didn't have our say

God bless our congenial dream environ
Every nook was ecstatic, be as it may

Wherever roses were topic of discussion
Your name was there to hold its sway

Adā Jāfrī

tamāma rāstā aṭā huā milā
g͟hubāra se hī śahara kā patā milā

kisī nigāha rośanī chalaka gaī
kisī palaka sitāra jāgatā milā

kabhī kabhī to ahde-nau kā bāba bhī
kisī purānī dāstāṃ sā milā

varaqa-varaqa likhā huā jo harpha thā
na jāne kyoṃ zamīṃ para paḍā milā

jo rāta thī kahāniyoṃ meṃ kaṭa gaī
jo dina milā vo ba-savāla sā milā

hamārī k͟hvāba vādiyoṃ kī k͟hera ho
śajara-śajara hameṃ g͟hazala sarā sā milā

jahāṃ gulābī mausamoṃ kā zikra thā
tumhārā nāma bhī vahīṃ likhā milā

✸ ✸ ✸

अदा जाफ़री

तमाम रास्ता अटा हुआ मिला
ग़ुबार से ही शहर का पता मिला

किसी निगाह रोशनी छलक गई
किसी पलक सितार जागता मिला

कभी कभी तो अह्दे–नौ का बाब भी
किसी पुरानी दास्तां सा मिला

वरक़–वरक़ लिखा हुआ जो हर्फ़ था
न जाने क्यों ज़मीं पर पड़ा मिला

जो रात थी कहानियों में कट गई
जो दिन मिला वो ब–सवाल सा मिला

हमारी ख़्वाब वादियों की ख़ैर हो
शजर–शजर हमें ग़ज़ल सरा सा मिला

जहां गुलाबी मौसमों का ज़िक्र था
तुम्हारा नाम भी वहीं लिखा मिला

✱ ✱ ✱

ادا جعفری

کیا شعلۂ جاں کا حال لکھوں
کاغذ پہ کہاں جمال لکھوں

پلکیں تو اٹھی تھیں ایک پل کو
اک عمر کو لازوال لکھوں

سب رنگ اسی سخن سے آئے
اپنا ہی مگر کمال لکھوں

میں درد کو چارہ ساز مانوں
میں زخم کو اندمال لکھوں

یہ شہر ہے اور ہی طرح کا
اب لفظ ملے تو حال لکھوں

تصویر ہی دیکھتی رہی ہوں
کیا قصّۂ ماہ و سال لکھوں

* * *

ADA JAAFRI

Beloved's tempestuous beauty how to delineate
Beloved's beauty how on paper to decorate

Eyes were to blink just for a moment
How life may be wished to perpetuate

How to attribute credit to myself
As all colours from beloved emanate

I regard malady itself a cure
To eulogise scare to alleviate

This habitat is a different abode
Words fail to describe its situate

How to write about days of yore
I have lived in a dream estate

* * *

Adā Jāfrī

kyā śaulā-e-jām̐ kā hāla likhūm̐
kāg͟haza pe kahāṃ jamāla likhūm̐

palakeṃ to uṭhī thīṃ eka pala ko
ika umra ko lāzavāla likhūm̐

saba raṅga usī sukhana se āye
apanā hī magara kamāla likhūm̐

maiṃ darda ko cārā sāza mānūm̐
maiṃ zak͟hma ko aṃdamāla likhūm̐

ye śahara hai aura hī taraha kā
aba lafza mile to hāla likhūm̐

tasavīra hī dekhatī rahī hūm̐
kyā qissā-e-māho-sāla likhūm̐

* * *

अदा जाफ़री

क्या शौला–ए–जाँ का हाल लिखूँ
काग़ज़ पे कहां जमाल लिखूँ

पलकें तो उठी थीं एक पल को
इक उम्र को लाज़वाल लिखूँ

सब रंग उसी सुख़न से आये
अपना ही मगर कमाल लिखूँ

मैं दर्द को चारा साज़ मानूँ
मैं ज़ख़्म को अंदमाल लिखूँ

ये शहर है और ही तरह का
अब लफ़्ज़ मिले तो हाल लिखूँ

तसवीर ही देखती रही हूँ
क्या क़िस्सा–ए–माहो–साल लिखूँ

* * *

ادا جعفری

گلوں کو چھو کے شمیم دعا نہیں آئی
کھلا ہوا تھا دریچہ، ہوا نہیں آئی

ہوائے دشت! ابھی تو جنوں کا موسم تھا
کہاں تھے ہم تری آوازِ پا نہیں آئی

ابھی صحیفۂ جاں پر رقم بھی کیا ہوگا
ابھی تو یاد بھی بے ساختہ نہیں آئی

ہم اتنی دور کہاں تھے کہ پھر پلٹ نہ سکیں
سوادِ شہر سے کوئی صدا نہیں آئی

نہ جانے قافلے گزرے کہ ہے قیام ابھی
ابھی چراغ بجھانے ہوا نہیں آئی

غیورِ دل سے نہ مانگی گئی مراد ادؔا
برسنے آپ ہی کالی گھٹا نہیں آئی

• • •

ADA JAAFRI

Flowers remained untouched by prayer's scent
Window remained open, yet breeze did not relent

Where were we, how come we didn't hear you come
O desert wind, wayward season was not yet spent

Haply what could be imprinted on the hapless soul
Deftly no nostalgia, memory not yet instant

We had not yet gone to a point of no return
No voice from the habitat to beckon and repent

Caravan is on the move, or is resting at a place
Though wind of change may be expected any moment

The proud heart did not deign to entreat beloved
The beloved may be discreet to meet, not to remain distant

* * *

Adā Jāfrī

gulom̥ ko chū ke śamīma duā nahīm̥ āī
khulā huā thā darīcā, havā nahīm̥ āī

havā-e-daśta. abhī junūm̐ kā mausama athā
kahām̐ the hama terī āvāze pā nahīm̥ āī

abhī sahīfā-e-jām̐ para raqama bhī kyā hogā
abhī to yāda bhī be sāk͟htā nahīm̥ āī

hama itanī dūra kahām̐ the ki phira palaṭa na sakem̥
savāde-śahara se koī sadā nahīm̥ āī

na jāne qāfile guzare ki hai qayāma abhī
abhī cirāg͟ha bujhāne havā nahīm̥ āī

g͟hayūre dila se na māṅgī gaī murāda "adā"
barasane āpa hī kālī ghaṭā nahīm̥ āī

✸ ✸ ✸

अदा जाफ़री

गुलों को छू के शमीम दुआ नहीं आई
खुला हुआ था दरीचा, हवा नहीं आई

हवा-ए-दश्त! अभी जुनूँ का मौसम था
कहाँ थे हम तेरी आवाज़े पा नहीं आई

अभी सहीफ़ा-ए-जाँ पर रक़म भी क्या होगा
अभी तो याद भी बे साख़्ता नहीं आई

हम इतनी दूर कहाँ थे कि फिर पलट न सकें
सवादे-शहर से कोई सदा नहीं आई

न जाने क़ाफ़िले गुज़रे कि है क़याम अभी
अभी चिराग़ बुझाने हवा नहीं आई

ग़यूरे दिल से न मांगी गई मुराद "अदा"
बरसने आप ही काली घटा नहीं आई

* * *

ادا جعفری

کرشمہ سازئ منظر پہ حیرتیں بھی ہوئیں
پھر اپنے گھر کے چراغوں سے وحشتیں بھی ہوئیں

تسلیوں سے بہلنا بھی سیکھ لیتے ہیں
وہ جن کی آنکھ کے آگے قیامتیں بھی ہوئیں

تم ایک خواب بکھرنے سے کیوں ہو آزردہ
کہ منہدم تو غموں کی عمارتیں بھی ہوئیں

یہ سادہ لوگ جو بے آس جی لیتے ہیں یہاں
نہ جانے کیوں ہمیں ان سے ندامتیں بھی ہوئیں

نہ اپنا دھیان ہی آیا، نہ اُس کو یاد کیا
سواب کے موسموں کچھ ایسی صورتیں بھی ہوئیں

امیرِ شہر کو آنسو کی بھیک بھی نہ ملی
اس زمیں پہ کچھ ایسی کرامتیں بھی ہوئیں

* * *

ADA JAAFRI

At the make believe sight, we were quite surprised
Then to see our home and hearth visibly petrified

They learn to be even consoled by some gentle words
Hell or high water even if they have eyed

Why to get despaired just by a single debacle
Clouds of despair get dispersed, when spirit is fortified

These simple folk who subsist here without hope
Why for them we feel guilty that somehow they are denied

We did not heed our own condition, nor beloved's recollection
In this wayward season, every reason has been defied

Nature had its retribution for the keeper of citadel
No one shed a single tear, no one ever cried

* * *

Adā Jāfrī

karīśmā-e-sāzī-e-mañzara pe hairateṃ bhī huīṃ
phira apane ghara ke cirāghoṃ se vahaśateṃ bhī huīṃ

tasalliyoṃ se bahalanā bhī sīkha lete haiṃ
vo jina kī āṃkha ke āge qayāmateṃ bhī huīṃ

tuma eka khvāba bikharane se kyoṃ ho āzurdā
ki munahadima to ghamoṃ kī imārateṃ bhī huīṃ

ye sādā loga jo be āsa jī lete haiṃ jahāṃ
na jāne kyoṃ hameṃ una se nadāmateṃ bhī huīṃ

na apanā dhyāna hī āyā, na usako yāda kiyā
so aba ke mausamoṃ kucha aisī sūrateṃ bhī huīṃ

amīre-śahara ko āṃsū kī bhīka bhī na milī
isa zamīna pe kucha aisī karāmateṃ bhī huīṃ

* * *

अदा जाफ़री

करिश्मा–ए–साज़ी–ए–मंज़र पे हैरतें भी हुईं
फिर अपने घर के चिराग़ों से वहशतें भी हुईं

तसल्लियों से बहलना भी सीख लेते हैं
वो जिन की आंख के आगे क़यामतें भी हुईं

तुम एक ख़्वाब बिखरने से क्यों हो आज़ुर्दा
कि मुनहदिम तो ग़मों की इमारतें भी हुईं

ये सादा लोग जो बे आस जी लेते हैं यहाँ
न जाने क्यों हमें उन से नदामतें भी हुईं

न अपना ध्यान ही आया, न उसको याद किया
सौ अब के मौसमों कुछ ऐसी सूरतें भी हुईं

अमीरे–शहर को आंसू की भीक भी न मिली
इस ज़मीन पे कुछ ऐसी करामतें भी हुईं

* * *

فاطمہ حسن

سکونِ دل کے لئے عشق تو بہانہ تھا
وگرنہ تھک کے کہیں تو ٹھہر ہی جانا تھا

جو اضطراب کا موسم گزار آئے ہیں
وہ جانتے ہیں کہ وحشت کا کیا زمانہ تھا

بہت دنوں سے مجھے انتظارِ شب بھی نہیں
وہ رُت گزر گئی ہر خواب جب سُہانا تھا

وہ جن کو شِکوہ تھا اوروں سے ظلم سہنے کا
خود ان کا اپنا بھی انداز جارحانہ تھا

کب اُس کی فتح کی خواہش کو جیت سکتی تھی
میں وہ فریق ہوں کہ جس کو کہ ہار جانا تھا

• • •

FATIMA HASAN

Falling in love was an excuse for peace of heart
We needed a pause to rest our tired heart

People who have passed trough trial and tribulation
They have known what it is to be pulled apart

Since long I do not look ahead for nocturnal hours
Gone are days when every dream was smart

People who complained of other people's harshness
They themselves were found aggressive on their part

I am the one destined to lose every time
For beloved no defeat I could ever impart

* * *

Fātimā Hasan

sakūne-dila ke lie iśqa to bahānā thā
vagaranā thaka ke kahīṃ to ṭhahara hī jānā thā

jo iztarāba kā mausama guzāra āye haiṃ
vo jānate haiṃ ki vahaśata kā kyā zamānā thā

bahuta dinoṃ se mujhe intizāre-śaba bhī nahīṃ
vo ruta guzara gaī hara khvāba jaba suhānā thā

vo jina ko śikavā thā auroṃ se zulma sahane kā
khuda unakā apanā bhī aṃdāza jārihānā thā

kaba usakī fataha kī khvāhiśa ko jīta sakatī thī
maiṃ vo farīqa hūm̐ ki jisa ko ki hāra jānā thā

* * *

फ़ातिमा हसन

सुकूने–दिल के लिए इश्क़ तो बहाना था
वगरना थक के कहीं तो ठहर ही जाना था

जो इज़्तराब का मौसम गुज़ार आये हैं
वो जानते हैं कि वहशत का क्या ज़माना था

बहुत दिनों से मुझे इन्तिज़ारे–शब भी नहीं
वो रुत गुज़र गई हर ख़्वाब जब सुहाना था

वो जिन को शिकवा था औरों से ज़ुल्म सहने का
ख़ुद उनका अपना भी अंदाज़ जारिहाना था

कब उसकी फ़तह की ख़्वाहिश को जीत सकती थी
मैं वो फ़रीक़ हूँ कि जिस को कि हार जाना था

* * *

فاطمہ حسن

وفا سرشت ہوں، دُوری میں بھی محبت ہے
اکیلے رہنے میں لیکن بڑی اذیّت ہے
یہ جاگتی ہے تو دیر تک جگاتی ہے
مرے وجود میں سوئی ہوئی جو وحشت ہے
جہاں پہ عشق کی سرحد جنوں سے ملتی ہے
وہاں پہ آکے ملے وہ اگر محبت ہے
بہت ہے خواب مگر خواب ہی سے کیا ہوگا
ہمارے بیچ جو حائل ہے وہ حقیقت ہے
وہ دَور آیا کہ وہ بھی گھروں کو چھوڑ گئے
جو سوچتے تھے کہ اب مستقل سکونت ہے
سمجھ رہے تھے مسافر قیام کو منزل
خبر نہیں تھی کہ آگے بھی ایک ہجرت ہے
بہت سے لوگ دلوں میں چھپائے بیٹھے ہیں
یہ فاطمہ ہی نہیں جسے شکایت ہے

• • •

FATIMA HASAN

Fealty is my nature, I uphold love even in separation
Though solitariness is itself mortification

If awakened, it keeps awake for a length of time
My dormant waywardness is normally in hybernation

When assiduity of love and audacity of lust meet
Between the two lies line of demarcation

Day dreaming itself is not of much avail
Between the lover and beloved is reality's dispensation

A time came when they left their homes
Whoever had thought they were in permanent occupation

Wayfarers took the resting place as their destination
They had not imagined it was a stage in migration

Many a folk harbour this horrible feeling
Fatima is not alone to voice her indignation

* * *

Fātimā Hasan

vafā sariśta hūm̐, dūrī meṃ bhī muhabbata hai
akele rahane meṃ lekina baḍī aziyata hai

ye jāgatī hai to dera taka jagātī hai
mere vajūda meṃ soī huī jo vahaśata hai

jahām̐ pe iśqa kī sarahada junūm̐ se milatī hai
vahām̐ pe āke mile vo agara muhabbata hai

bahuta hai khvāba magara khvāba hī se kyā hogā
hamāre bīca jo hāila hai vo haqīqata hai

vo daura āyā ki vo bhī gharoṃ ko choḍa gaye
jo socate the ki aba mustaqila sakūnata hai

samajha rahe the musāfira qayāma ko mañzila
khabara nahīṃ thī ki āge bhī eka hijarata hai

bahuta se loga diloṃ meṃ chupāye baiṭhe haiṃ
ye "fātimā" hī nahīṃ jise śikāyata hai

❋ ❋ ❋

फ़ातिमा हसन

वफ़ा सरिश्त हूँ, दूरी में भी मुहब्बत है
अकेले रहने में लेकिन बड़ी अज़िय्यत है

ये जागती है तो देर तक जगाती है
मेरे वजूद में सोई हुई जो वहशत है

जहाँ पे इश्क़ की सरहद जुनूँ से मिलती है
वहाँ पे आके मिले वो अगर मुहब्बत है

बहुत है ख़्वाब मगर ख़्वाब ही से क्या होगा
हमारे बीच जो हाइल है वो हक़ीक़त है

वो दौर आया कि वो भी घरों को छोड़ गये
जो सोचते थे कि अब मुस्तक़िल सकूनत है

समझ रहे थे मुसाफ़िर क़याम को मंज़िल
ख़बर नहीं थी कि आगे भी एक हिजरत है

बहुत से लोग दिलों में छुपाये बैठे हैं
ये "फ़ातिमा" ही नहीं जिसे शिकायत है

* * *

فاطمہ حسن

کہو تو نام میں دے دوں اسے محبت کا
جو اک الاؤ ہے جلتی ہوئی رفاقت کا

جسے بھی دیکھو چلا جا رہا ہے تیزی سے
اگرچہ کام یہاں کچھ نہیں ہے عجلت کا

دکھائی دیتا ہے جو کچھ کہیں وہ خواب نہ ہو
جو سن رہی ہوں وہ دھوکا نہ ہو سماعت کا

یقین کرلیں ،لوگ رت بدلتی ہے
مگر یہ سچ بھی کرشمہ نہ ہو خطابت کا

سنوارتی رہی گھر کو مگر یہ بھول گئی
کہ مختصر ہے عرصہ یہاں سکونت کا

چلو کہ اس میں بھی ایک آدھ کام کرڈالیں
جو مل گیا ہے یہ لمحہ ذرا سی مہلت کا

• • •

FATIMA HASAN

If you like, I shall call it affection
It is a burning sentiment of mutual attraction

Everyone around is hurriedly going round
Although no real reason for any hasty action

What we think is reality may in fact be fantasy
What our ear may hear, may be trickery of audition

We may be led to believe there is change of season
Even if true, it may be wizardry of oration

In one's effort to improve surrounding, one may forget the sounding
That our sojourn is short and sweet to allow any perfection

O come, to try as much to achieve a thing or two
As we get a moment or two, in the world of circumspection

* * *

Fātimā Hasan

kaho to nāma maiṃ de dūm̐ use muhabbata kā
jo ika alāo hai jalatī huī rifāqata kā

jise bhī dekho calā jā rahā hai tezī se
agarace kāma yahām̐ kucha nahīṃ hai ujalata kā

dikhāī detā hai jo kucha kahīṃ vo khvāba na ho
jo suna rahī hūm̐ vo dhokā na ho samāata kā

yaqīna karaleṃ, loga ruta badalatī hai
magara ye saca bhī kariśamā na ho khitābata kā

saṃvāratī rahī ghara ko magara ye bhūla gaī
ki mukhtasara hai arasā yahāṃ sakūnata kā

calo ki isa meṃ bhī eka ādha kāma kara ḍāleṃ
jo mila gayā hai ye lamhā zarā sī mohalata kā

* * *

फ़ातिमा हसन

कहो तो नाम मैं दे दूँ उसे मुहब्बत का
जो इक अलाओ है जलती हुई रिफ़ाक़त का

जिसे भी देखो चला जा रहा है तेज़ी से
अगरचे काम यहाँ कुछ नहीं है उजलत का

दिखाई देता है जो कुछ कहीं वो ख़्वाब न हो
जो सुन रही हूँ वो धोका न हो समाअ़त का

यक़ीन करलें, लोग रुत बदलती है
मगर ये सच भी करिशमा न हो ख़िताबत का

संवारती रही घर को मगर ये भूल गई
कि मुख़्तसर है अरसा यहां सकूनत का

चलो कि इस में भी एक आध काम कर डालें
जो मिल गया है ये लम्हा ज़रा सी मोहलत का

* * *

فاطمہ حسن

پہاڑ اپنی جگہ ساکت کھڑا ہے
مگر یہ جبر بھی کتنا بڑا ہے

میں اُس سے روٹھنا چاہوں بھی کیسے
کہ وہ میرے لئے مجھ سے لڑا ہے

کسی نے دی نہیں آواز مجھ کو
مگر پھر بھی یہاں رُکنا پڑا ہے

مکیں اُن کے کہاں آباد ہوں گے
جہاں تھے گھر، وہاں پانی کھڑا ہے

بہت چاہا مگر کب مانگ پائی
کہ وہ میری دعاؤں سے بڑا ہے

اسی کے حکم سے بستی لُٹی ہے
اسی کے نام کا جھنڈا گڑا ہے

* * *

FATIMA HASAN

Mountain stands solid on its foundation
It is all stolid to bear its subjugation

How could I remonstrate with beloved
He is so tolerant of my aberration

No one ever called to beckon me
I had to rest here, though no invitation

Where will inhabitants be populated
Their houses are all under inundation

I had wished a lot but couldn't pray
Beloved is far about my meditation

The people who had ordered decimation
They are the ones receiving adulation

* * *

Fātimā Hasan

pahāḓa apanī jagaha sākita khaḓā hai
magara ye jaba bhī kitanā baḓā hai

maiṃ usase rūṭhanā cāhūm̐ bhī kaise
ki vo mere lie mujha se laḓā hai

kisī ne dī nahīṃ āvāza mujha ko
magara phira bhī yahām̐ rukanā paḓā hai

makīṃ unake kahām̐ ābāda hoṅge
jahām̐ the ghara, vahāṃ pānī khaḓā hai

bahuta cāhā magara kaba māṅga pāī
ki vo merī duāoṃ se baḓā hai

usī ke hukma se basatī luṭī hai
usī ke nāma kā jhaṇḍā gaḍā hai

✹ ✹ ✹

फ़ातिमा हसन

पहाड़ अपनी जगह साकित खड़ा है
मगर ये जब भी कितना बड़ा है

मैं उससे रूठना चाहूँ भी कैसे
कि वो मेरे लिए मुझ से लड़ा है

किसी ने दी नहीं आवाज़ मुझ को
मगर फिर भी यहाँ रुकना पड़ा है

मकीं उनके कहाँ आबाद होंगे
जहाँ थे घर, वहां पानी खड़ा है

बहुत चाहा मगर कब मांग पाई
कि वो मेरी दुआओं से बड़ा है

उसी के हुक्म से बसती लुटी है
उसी के नाम का झंडा गड़ा है

✸ ✸ ✸